前行与守望

淳安容　著

东北师范大学出版社

长春

图书在版编目(CIP)数据

前行与守望 / 淳安容著. - - 长春:东北师范大学
出版社,2019.2
ISBN 978 - 7 - 5681 - 5519 - 9

Ⅰ.①前… Ⅱ.①淳… Ⅲ.①教育—文集 Ⅳ.
①G4 - 53

中国版本图书馆 CIP 数据核字(2019)第 036199 号

□策划编辑:石 斌

□责任编辑:余辉豪　　□封面设计:博健文化
□责任校对:卓伊玲　　□责任印制:张允豪

东北师范大学出版社出版发行
长春净月经济开发区金宝街 118 号(邮政编码:130117)
电话:0431 - 84568132
网址:http://www.nenup.com
电子函件:sdcbs@ mail. jl. cn
北京博健时代科技文化发展中心制版
定州启航印刷有限公司
定州经济开发区大奇连体品小区永康大街东侧(邮编:073000)
2019 年 2 月第 1 版　2019 年 2 月第 1 次印刷
幅面尺寸:145 mm×215 mm　印张:7.5　字数:199 千

定价:29.80 元

作者简介

淳安容，常用名淳洁

1997 年从教至今

担任 16 年班主任

国家二级心理咨询师

中级心理沙盘咨询师

希望用阅读来丰富自己

用陪伴来传递关怀

总是相信育人先育心

自　序

　　罗伯特·彭斯在《你要是在麦田里遇到了我》这首诗中写道：

　　　　你要是在麦出里遇到了我
　　　　我要是在麦田里遇到了你
　　　　我们要是看到很多孩子
　　　　在麦田里做游戏
　　　　请微笑　请对视

　　杰罗姆·大卫·塞林格之所以为其名著《麦田里的守望者》一书起这样一个名字，也许在很大限度上是出于对罗伯特·彭斯这首诗的喜爱。这在《麦田里的守望者》一书中借助主人公霍尔顿·考尔菲德之口也曾表达过，因为这首诗的意境恰恰符合了杰罗姆·大卫·塞林格写此书时的心态。塞林格借助主人公霍尔顿·考尔菲德之口，说出了自己的理想："有那么一群小孩子在一大块麦田里做游戏。几千几万个小孩子，附近没有一个人——没有一个大人，我是说——除了我。我呢，就站在那混账的悬崖边。我的职务是在那儿守望，要是有哪个孩子往悬崖边奔来，我就把他捉住——我是说孩子们都在狂奔，也不知道自己是往哪儿跑，我得从什么地方出来，把他们捉住。我整天就干这样的事。我只是想当个麦田里的守望者。"原来"麦田里的守望者"是一份崇高的理想，也是作者所担负起的一种责任。因为作者喜欢孩子（这在书中的许多小细节中可以看出），而作为"麦田里的守望者"所守望的目的就是阻止孩子坠落悬崖——"救救孩子，防止他们在无意间堕落"！

"麦田里的守望者"这个题目深深地吸引了我，在只看到题目时它让我想起了童年时看见的绿油油的庄稼地，想起了"稻花香里说丰年，听取蛙声一片"的田园风光。我很想看看作者塞林格在他的作品中是如何描述西方世界的田野的，可待我读完全书却发现200多页的书中只有上面极其简短的一段话在写田野与守望者。全书大量笔墨在写16岁的中学生霍尔顿·考尔菲德又一次被学校开除后从离开学校到纽约游荡的三天时间，充分探索了一个十几岁少年的内心世界，愤怒与焦虑是此书的两大主题。此时我才真真切切地体会到此书的价值，明白《纽约时报》的书评：在美国，阅读《麦田里的守望者》就像毕业要获得导师的首肯一样重要。其后，《麦田里的守望者》直接影响了这一类小说的创作。

在阅读《麦田里的守望者》的同时，我也在整理自己近几年写的一些教学日记、教学活动资料，准备装订成册，把平凡而又琐碎的日子连成一条线，让岁月有迹可寻。我从小说主人公的这段话里看到了作为老师、作为母亲的责任，也体会到了守望孩子们成长的那份美好，不觉在心间冒出这么几个字——前行与守望，且把这几个字作为标题。

目 录

壹 你前行　我守望

贰　班主任基本功

叁　成长路上说不休

肆　亲子阅读

伍　别样情怀

壹

你前行　我守望

一年又一年

一届又一届

你在匆匆前行

我在默默守望

守护你童年记忆

盼望你稳健前行

相识是一份缘

——2017 年春在渝北区心理
健康教研会上的发言

一、五年前的机缘巧合，两年前的触动

我是一个有机会学习就不愿放过，渴望自己不断提升、不断完善的人。五年前的 2012 年春天，我独自去听了一个关于班主任工作的讲座，培训中杨红五老师告诉我们作为一个人一辈子除了读与教学相关的书以外，还应该读点哲学、心理学的书。他还讲述了浙江多个中学生接受心理咨询的案例，学生在心理咨询师的辅导下重新步入正轨，开始正常的学习生活。当时我颇感老师有点危言耸听，总觉得现实没那么严峻，我都没听说过或者见过那样的人。2014 年 11 月我参加进修学校组织的首期班主任培训，再一次看到培训老师中有一半都在讲心理健康的重要，传授与学生沟通的方法和技巧。此时，我自己的亲子沟通也亮起了黄灯，便暗暗为自己做了一个决定，读点心理学的书。

二、生活工作的困惑，助推我走上助人自助的路

咨询心理学中有四个字是所有咨询师在入门时需要记住的："助人自助。"

19 年的从教经历中，我与一届又一届学生共同成长，收获快乐，感受美好；同时也看到很多问题家庭，很多无助的父母，无助的孩子，也给我的工作带来很多的挑战。我热切希望学到更多的知识让自己能游刃有余地工作，使身边的人生活得更惬意轻松。然而，近两年关于学生自伤自残的消息深深地刺痛了我。我在心中不断追问，教育的悲剧为何一幕接一幕上演？我开始认识到心理健康教育的重要性。我希望拥有更多的心理学知识，去影响我身边的人；我希望拥有更多的心理学知识，给我身边的人带去阳光，让彼此更快乐。我希望所有的人的一生都是阳光的，心理健康的，人格发展健全的。鉴于这样的希望，我从 2015 年开始主动学习《心理咨询师》国家职业资格考试教程，用了 1 年半的时间分别通过了咨询师的三级和二级考试，成为心理沙盘师和心理卡牌师，兼任了自己班的健康老师和学校心理咨询室的咨询员。

闲暇之余，我看了维尼老师的《顺应心理，孩子更合作》，海姆·G. 吉诺特博士的《孩子，请把你的手给我》，让自己与孩子们的沟通更有效顺畅；读了岳晓东老师的著作《登天的感觉》，更透彻地了解了合理情绪疗法、来询者中心疗法等咨询技巧。张德芬老师的《重遇未知的自己》《遇见心想事成的自己》等引导人拥有阳光心态的书，也让我明白了对已发生的一切需要臣服，让自己更懂得接纳。

三、学习既能丰富知识，完善自己，也能更好地指导工作

在我的教育教学中，我更加注重鼓舞学生的斗志和教授抗压力的方法，引导他们在学习中寻找快乐；我帮助他们学会处理学习上的竞争和合作，建立良好的人际关系；我也帮助他们正确对待理想与现实的差距，形成正确的学习生活观念……学习咨询心理学的过程就是一个不断调整自己看问题的角度的过程，也是一个进一步认知自我的过程。人本主义说，每一个人都有无限的潜能，我正在努力地把自己和学生的潜力唤醒、激发出来。

在教育教学工作中，我们难免会遇到很多突发事件，看上去也是那么令人费解。倘若我们能多一个角度去看学生之间那些事，就会发现自己能理解。去年 11 月份中旬，我校开展一年一度的田径运动会，可在入场式上我们班有两个男孩打起来了，有一个被打哭了，正准备还击。若是这事发生在以前，我会毫不犹豫地当场训斥他们一顿，这也太无视班级荣誉了，毕竟这是一个参加人数最多的比赛项目，道德风尚奖能否得到这是关键。可这次我很平静地安抚住两位学生，等到入场式后再坐下来听他们述说自己的不平。那时我想：作为五年级的学生，在这样的场合下那般愤怒一定是让他自己觉得忍无可忍，才会完全不顾班级形象。入场式结束后我听了两位学生的述说，知道他们以前是最要好的朋友，只因为成绩很好的小航经常喜欢用贬低的话说小熊，小熊一直不喜欢小航这样说自己，现在更觉得无法忍受，所以就有了前面那一幕。我抓住他们曾经是最好的朋友这件事，请他们分别写对方五个以上的优点和一起玩时最开心的一件事，在写的

过程中两位孩子的怒气渐渐消失，取而代之的是笑容。娄我去调解时他俩已经有说有笑了，但我还是告诉他们说话要选择别人能接受的方式。最后让先出手打人的小熊选择握手或拥抱向对方表达安慰和友好，他俩很默契地给了对方一个拥抱。从此以后我又追踪观察询问过双方，感觉还好。在教学路上我不求做得尽善尽美，只求用更丰富的知识陪同学生，让彼此更好地成长。

当然，作为一名老师兼心理咨询师，还有很多专业的知识要去学习。这期间要遇到多少难题，又会收获多少快乐，我还没有太多的发言权，伍老师等专业老师们更有发言权。

四、有缘相聚，让我们携手传播爱、传递温暖

为了让更多人拥有健康的心灵，我们这个团体正走在传播爱的大道上，传递理解的美好，我希望有更多关注心理健康的同仁与我们携手同行。我们的祖国正走在伟大的复兴路上，随着经济的发展，维护国民心理健康的也被真正地提到了议事日程上，全国各地对咨询专业人士的需求还有几十万的缺口。愿我们能更专业地为我们祖国的小太阳们保驾护航，更希望我们在座的各位成为自己单位和家庭的"太阳"，温暖地陪伴自己的同事、家人，幸福美满每一天。

遇见未知的自己

7月1日，渝北区 2018 年小学心理健康教师暑期全员培训拉开了帷幕，这也是我区心理健康教师第一次暑期培训。学员们对于为期 5 天的学习满怀期待，期待着一趟美妙的心灵成长之旅，期待着学到心理辅导的实用技术。

7月1日上午，西南大学宣传部副部长郑劲松向大家阐述了自己独到的理念。郑部长启发了学员的思维，大家通过学习深刻领悟到，如果选择一个特别的主题，如果找到一个很小的切入口，如果站在一个思想与政治的高度，如果你还能处理好抑扬顿挫，那么你的演讲必定深入人心，激发听众强烈的共鸣。一堂课，一束光，那是思维之光在照耀心灵。

下午，渝北区教育工委副书记熊德宪做了报告，主题是"加强师德师风建设和德育工作"。一名合格的心理老师，首先要有良好的道德品质。熊书记的讲课让大家意识到，心理老师在引导学生人格发展和道德培养上具有重大的责任，心理老师既要陪伴孩子心灵成长，也要给孩子输送一眼德育清泉。在这个物质比较丰富的时代，教育除了德智体美劳以外，心育更是刻不容缓。

个体沙盘游戏辅导：7月2日上午，我们开始了沙盘游戏辅导课程。主讲老师是中国心理沙盘应用研究院副院长王雪红教授。上午学习了沙盘游戏辅导的基础理论。下午，王雪红老师开始进行沙盘实操训练。王雪红老师用她多年丰富的沙盘实践经验，为学员做了一个心理咨询师与来访者（志愿者）一对一的现场沙盘游戏疗法实操教学。咨询的静默见证者、母子一体性、共感理解的态度，诠释了陪伴即等待、助人自助的咨询师客观、中立的原则。"欢迎来到我们的心灵花园！这些是我们的沙箱玩具……它们已有很长的历史，是探索心灵的故事……"王老师从沙盘开始的脱敏谈话、沙盘制作到沙盘分析，使在场的每一个学员都感受了咨询师对来访者的那份专业与关注。"爱来访者的爱，悲来访者的悲"。在观摩中，我们懂得了咨询师的接纳、关注、积极共情，这是建立良好咨询关系的关键，是咨询有效的前提和保障。老师展示辅导流程，然后指导学员担任陪伴者和体验者，开始分组进行沙盘游戏辅导实操。在工作中指导老师担任督导，这种理论结合实际的教学方式，使学员们有了直观的感受和深刻的体验。

团体沙盘游戏辅导。团体沙盘游戏体验性更强，参与人员众多。王教授先做团体辅导供全体学员观摩，随后进行沙盘分析与理论教学。这样的授课安排让学员们了解了团体沙盘游戏理论的基础，学员学习了团体沙盘游戏的具体流程，了解了规则的重要性，也明白了规则的本身是为破而立，体验者真实体会到了团体沙盘的作用。

心理卡牌是移动的小沙盘。7月3日下午，王雪红老师又引领大家体验了卡牌。我作为卡牌师带领11个队员去感受这一项技术的奇妙。卡牌的应用打开了人与人之间交流的屏障，它更好地帮助自己和他人不断认识自我，激活在不同状态下的自我角色互换，同时也加深与他人之间的连接，拉近彼此的距离感，更快更好地与他人相处。我通过带领团队体验，再一次感受到了卡牌就是心灵导师。同伴们通过体验卡牌，不单看见了另一个自己，也会把此项技术带回学校，让学生认识这一个工具，陪伴孩子们健康快乐地成长。

团体沙盘辅导是班会课的好形式之一。培训进入第四天，我们又在王老师的引领下，感受到了主题沙盘的魅力。首先王老师出示了一个沙盘班会课案例《规则·常记心中》，接着她解析了班会课沙盘的设计流程，最后进行团体沙盘操练。在演练中，四十多位老师分为两个大组，每组两名咨询师，围绕"个人成长主题"进行作品创作。学员们在体验中变得活跃、积极，人人充满了学习的动力。体验者、陪伴者、观察者都在现场用心聆听，认真思索，积极表达。团体沙盘游戏既促进个体成长，也促进团体发展。

表达即治愈。我作为王老师2016年的早期学员，现在作为咨询师引领组员去探索自己的内心世界，引导大家走进自己的内心，自我探索、自我梳理，从社会话题的讨论到个人成长的探索，触摸到个体和集体在一起成长。让大家在共同创造的沙盘世界里去认知自己，认知同伴，遇见未知的自己。我们组把沙盘作品摆好后，我使用沙盘语言同来访者不断进行对话。在对话中让来访者看见自己的困扰、看见自己的冲突，引领来访者寻找解决问题的资源，选择恰当的方法，或者启迪来访者对认知进行转化。所有的对话都是在表达，表达即治愈。最神奇的表达方式就是给创作的沙盘世界命名、讲故事。这个讲故事的环节可以让来访者集中表达自己的心理状态、心理变化和心理成长历程。咱们组的故事充满了励志气息，也让每个组员深深叹服沙盘的神奇力量。在聆听故事中参与者看到了自己的诗和远方，内心获得了自由和成长！团体沙盘最后被命名为——遇见更好的自己。

2018年7月

那些报喜的人

每个人阅历不同、职业不同、打动自己的事、温暖内心的话亦千差万别。作为教师，在我 19 年的教学生涯里温暖我心的话太多太多，教学故事也可装几箩筐，但是毕业多年还记得向小学的启蒙老师报喜的学生真不多，掰着手指我也能数得清清楚楚。

2013 年 6 月，一个丰收的季节。我在新牌坊小学教的第一届学生初中毕业，我也第一次收到了汇报中考成绩的短信："淳老师，我考了 684 分，谢谢您多年的教导和关心。杨路。"这个分数是重庆重点高中八中的上线分数，看到这则短信，我简直比自己考了高分还开心，我多想给路路一个深情的拥抱。

2015 年 6 月，我在新牌坊小学教的 2012 届学生中考毕业，有几波孩子已分别回到母校看望过我和数学老师，但此时中考成绩还没有出来，大家都显得很轻松。在大家都纷纷查询成绩时，我接到了一个报喜的电话："淳老师，甘锐考了 693 分，全班第一，真是太感谢您和张老师过去对锐锐的关心和教导！""祝贺！祝贺！是你这位妈妈引导有方，锐锐自己努力取得的好成绩。"我又激动又谦虚地回应道。挂了电话，我静静地想：毕业三年以后考出的优异成绩真的和我有关吗？可能有，也许我曾经是孩子成长路上的福星，照亮过他前行的路。一定有，不然家长不会对我说"谢谢"。在此之后，这个班的郎津秋和林坦汇也相继打电话汇报了佳绩，都超出了重高线。

2016年6月，又一年高考季，莘莘学子结硕果的日子。6月23日晚上10:30我收到了一条短信："淳老师您好！我是2010届李小虎，我已顺利通过高考，正常发挥，总分624，感谢老师多年的辛勤付出！"

"祝贺小虎！"这年的录取分数线还没有公布，我不知道他能读什么大学，他希望读什么大学，不好多说，因此只给了一个很简洁而又中性的回复。

7月，高考录取通知书已纷纷从各大高校寄出，新闻里也在播报我市第一位领取录取通知书的学生姓名。此时我想：也许2010届毕业的某位幸运儿也应该领到通知书了吧！这位幸运儿会是谁呢？是哪所学校录取了他呢？正在我为那些学生编号排队时，手机铃响了。我打开短信一看，是我只教过一年的一位学生发来的："淳老师，我是黄瀚章，已被川外德语系录取了，向您汇报！""祝贺你，准备迎接美好的大学生活吧！"这是我收到的第一个高考录取信息，信息里没有煽情的话语，但在我看来字字皆含感恩意，打动着我的心，让我明白师生缘、师生情不在于时间长短，不在于认识的先后，而在于老师对学生的影响是否深入其心，是否让学生一生感念。

8月份我又收到了杨路用QQ发来的江南大学的录取通知书的照片，李小虎发来的重大录取信息。

每收到一条报喜信息我都无比激动和幸福。我想：作为老师，幸福就是这么容易满足，只要多年以后学生记得把喜讯告诉我，我就觉得自己是个幸福的人。

我们回来了

    又一年高考季，我从教 19 年来教得最长的一届学生——2010 届 1 班高中毕业了。我想知道他们的情况，可不知如何问起，只好耐心等待他们心甘情愿地告诉我。

    真是心有灵犀一点通，班长杨路在 QQ 里留言了："老师，在吗？小学放假了没有？我们想回来看您！"我急忙回复道："七月一日起放假，我也想你们了！"对方又回复道："您七月初哪天有空？"我回道："那就二号回学校吧！这次不让你们站校门外了，我提前到校门口迎接你们。""哈哈哈，劳驾老师来迎接我们了！"

    上面这一席话把我的记忆拉回到了 2006 年的 9 月份。这一年我调到了新牌坊小学，担任三年级一班的班主任。开完教师会就从同事那里得知这个班虽年级不高，但学生调皮捣蛋，成绩差全校闻名。造成这个现状的原因之一是频繁地更换班主任。作为新老师，我只能毫无怨言地接受一切，默默地寻找突破口，希望尽快改变现状。可事与愿违，在 11 月份的田径运动会上，我觉得这个班完全是一盘散沙，缺少集体荣誉感，比赛总成绩全年级倒数第一。活动结束后我在心中反反复复地追问了自己几个问题：班队干部都单独培训过吗？告诉过全体学生我们追寻的目标是什么吗？我们一起要建设一个什么样的集体？在追问中我清醒地认识到自己已被表面现象所蒙蔽，细细想来应该是我的带班思路欠清晰，不能把责任推给以前的班主任，也不能把责任推给这些年幼无知的学生。

在冷静地清理思绪以后，我着手培训班队干部，让这群骨干力量充分地发光发热。同时，我还利用晨会、班队课和全班学生商议我们在学习上和各种常规活动中的奋斗目标。

一年以后，美术老师告诉我说："淳姐，我觉得在你们班上课比三年级时轻松多了！"我满心欢喜又谦虚地回应道："四年级了，长大懂事了。你教导有方呀！"

2007年10月，学校举行第五届田径运动会，我们班这次的积分跃居年级第二，金牌榜第一。2008年春、秋运动会连续获第一。2007年和2008年连续两届经典诵读获年级第一。我们班学生的精神面貌已全然改变，个个都深感待在这个班集体的自豪。我也常常听到科任老师和其他同事的赞美声："你们班的学生真牛！"听着这样的话我真是有点陶醉。

2009年6月，我把自己带领这个班的各种经验写成了论文，参加渝北区第四届班主任基本功大赛，喜获区级一等奖。当奖状拿到手中时我明白了一个浅显的道理：帮助学生成长就是帮助自己成长。

2010年6月，这届学生毕业了，我怀着不舍和祝福送他们告别了充满书香墨香的书法特色学校——新牌坊小学。

2013年6月，中考完的28位学生相约回母校看望老师。因此时学校还未放假，我忙于各种杂务，所以我未接到学生们打来的电话，门卫师傅又严格把关，不让他们进校门。他们顶着炎炎烈日站在校门外苦苦等待老师出现。因为等待所以更加期待，当我得知消息走到校门口去接他们时，杨路激动地跑过来给了我一个深情的拥抱。进学校后我把他们带到一楼的教室让大家跟各位科任老师见面，交流彼此的情谊。

转眼又三年，女孩已长得漂亮高挑了，男孩也长成一个个帅气的大小伙了。他们身心在长，他们的留恋依旧，他们毕业后想到了曾经有位老师陪伴自己度过了小学四年，这就有了前面提到的QQ留言，有了我们今天的相聚。这次合影我们还邀请了曾教过体育的杨红伟副校长。

这次相聚我们选择了一个比较安静的环境，大家可以敞开心扉，尽情抒怀。在三个多小时的座谈中，我们既回忆了过去，又展望了未来。

在回忆过去的寒窗岁月里，这几位同学的话语让我记忆深刻：

罗尤捷说："小学六年用一个词来形容是美好！自从毕业后我就常常回忆起走在操场上的惬意。每当风吹过，我都想再回到小学校园的操场去走一走，看一看。也许我是一个怀旧的人，但我怀旧也喜新哈！总之小学活动在我的内心深处珍藏了很多的美好！"

黄瀚章说："我是六年级才转入这个班集体的，我感觉这里的同学更加多元、有趣，班主任也非常负责。"

刘宁晖说："小学六年是寻找。我当过班长、中队长、学习委员。兴趣爱好方面学过书法、乐器、绘画等。总之，我在这六年里不断地寻找自己的位置、自己的爱好，付出了努力。"

魏铭南自豪地说："小学六年在我的记忆中叫成功。记得有次运动会全年级共16个金牌，咱班得了12个，差点就得全了。毕业那学期年级的篮球友谊赛，我们打赢了所有班，咱班的篮球队员惹得好多女生倾慕。"

邱茜说："高中三年如果用一个词来形容那就是无悔。我抓住了每一个该学习和该玩耍的机会，让自己开心地学习、玩耍、成长！"

陈宇杰说："高中三年的生活是多彩的。各种各样的活动让自己收获很多!"

尹烁涵说:"高中生活对我来说是快。每天感觉天才亮,不知不觉就又到天黑入睡了。转眼三年就飞逝而过。"

张福洋说:"高中三年是成长。在这三年里我交到了不一样的朋友,学到了更难更深的知识,我得到了成长。"

修正熊说:"高中三年叫坚持。高中对我来说又忙又苦又累又有趣,我坚持下来了。我相信坚持就是胜利!"

交流完大家对过去的美好回忆,我们把话题转向了展望未来。为了让这个良好的氛围能保持,我们把话题定为自己希望学习的专业。这样无论高考分数高低都可以畅所欲言。在大家的交流中我发现居然没有重复的,只有杜文玉可能会选择教育专业,张丁则已经到美国读金融专业一年。我曾经的语文科代表张琪、陈至立都选择了理科专业。袁媛、贺丽璇提前离开,不知道她们对未来的期待。

在这短暂的时光里我听到了孩子们在内心深处珍藏的美好,感受到了拼搏的力量,也察觉到少数孩子在青春期的苦闷挣扎,但坚持走过中学六年,如今顺利毕业,怀着一颗感恩之心回到母校,看望老师,这已是做人的成功。我看着这一张张青春而又充满活力的脸,无比幸福、感动、欣慰。我会时时为他们祝福,也坚信有更多关怀他们的师长会引领他们走向美好的未来,圆他们的大学梦、职业梦。

怀念流泪的日子

流泪或因伤心，或因感动，无论因为什么总是令人难忘。

2004 年 9 月，我当时所在的渝北区石鞋小学因为人事变动人员紧张，安排我去接五年级二班的语文兼班主任。这个安排当然让我压力颇重，因为我还要担任出纳工作。可出于对学校的理解，我无怨无悔地承担起此重任。可能是上天对我校的垂青，9月中旬区教委为学校派来了三位新老师，学校首先就想到为我减负，安排我教信息技术，派一位新老师来接任五年级二班的语文兼班主任。尽管我只教了这个班两个星期，可心里还是不舍。

午饭以后我跟新班主任做了简短的交接，就离开教室开始准备下午的课，让新班主任与学生交流。大概 20 分钟以后午睡铃结束，两个比较调皮的学生流着泪水走到我面前，我不问来由就准备发火："你们真是让老师不省心！"可能我此时情绪比较低落、反应迟钝，还未等我开口便听其中一个学生说："老师，您还是教我们嘛！"我无言以对，泪水在眼圈里打转，只是拍拍他们的肩说："快回教室上课，老师也要上课了。"他俩失望地离开了办公室。

下午第一节课大概上了 10 分钟，在五年级二班上课的思品老师邓平跑到微机室颇有感慨地说："你快到你们班教室去一下，全班都在哭，劝不住！我没法上课。"我本已渐渐平息的心情又泛起了波澜，忍不住悄悄落泪，毕竟 28 岁的我也是第一次面对如此真性情的孩子们，我内心还没有强大到波澜不惊的程度。后来，学校分管教学的副校长胡明健和教导主任段小飞安抚住了 50 多位学生，让他们选 4 个代表到正校长杨本体的办公室讲出自己的诉求。4 个代表中有成绩好的，也有十分调皮、成绩较差的，他们在校长的追问下就表达了一个意思——不换语文老师。就这样我又坚持把这个班教到毕业。

第二天早自习，我一跨进教室便见黑板上写着："淳老师，谢谢您能回来教我们！淳老师，我们爱您！"这两句话确实感动了我，让我此生难忘，可我也清醒地认识到不是我水平有多高，而是孩子们伤心的情绪相互传染了，同时也说明我是受到大多数学生欢迎的，我只有用更多的爱、更优质的一堂堂课去感谢孩子们带给我的感动和信任。

事隔 8 年，2012 年的 5 月 30 日，学校开展庆"六一"文艺汇演及书法作品收藏活动。我们六年级组的组长任昭碧老师觉得学生们要毕业了，应该给他们一份特别的礼物，搞个毕业庆典，决定让六个班的师生同台演出。学生们集体表演手语《感恩的心》，六个班的语文老师兼班主任分角色朗诵一首诗赠给全体学生。诗文很长，我清楚地记得自己朗诵的那两小节内容——我亲爱的孩子们，无论你们走到哪，我都牵挂着你们。我亲爱的孩子们，无论你们身在何处，我都为你们祝福！待我们表演完准备下台时，从六班的队伍那边传来整齐的呼喊："老师，我们永远爱你们！"我们六位老师眼里的泪水再也止不住了。我们默默地走向自己的班。此时我发现学生们都你靠着我、我拉着你地哭个不停，有的见了我就扑过来抱着我哭。我不知安慰鼓励谁好，连来参加优秀书法作品收藏的林坦汇妈妈也只好边宽慰儿子边抹眼泪。让孩子们尽情地流露自己情绪的这些流泪的日子让我伤心，让我感动，铭刻在心间让我怀念。

我们一起去看名校

"我想读名牌大学!"这对大多数"60后""70后"来说可能是一个空想,但我们换成另一句——"我想看名牌大学"就可以美梦成真。这个美好愿望我在2011年的暑假实现了。

2010年我接触到一个全国性的作文赛事——"为学杯"全国创新作文大赛,此赛事要通过初赛、复赛、决赛。作为一个教小学高年级的语文老师,我为此怦然心动,总想让自己的学生大显身手,也许能给学生们带去一些惊喜。果然不出所料,我们把稿件投出去两个月以后收到了获奖证书,同时还收到了参加暑假夏令营决赛的邀请函。学生们拿到奖状以后激动不已,有几位家长就打电话联系我特别想让孩子去参加决赛。我此时也特别想去,因为我特别想带上自己9岁的女儿去看一看祖国的首都北京,去看一看很多学生做梦都想去读的学校北大、清华,去看一看世界七大奇迹之一的万里长城。我们一拍即合,很快就约好了四家,规划着这一趟旅行。

大人、小孩期待的旅程到来了,我带着自己的女儿,和几位家长、四位学生踏上了去首都北京的旅途。火车上的乐趣,参观鸟巢、军事博物馆的惊喜,爬长城的相互追逐都不再描述。单说参观名牌大学北大的乐事。

　　这次作文大赛的组委会并未规划参观名校的行程（据说是有特殊原因临时取消了的）。我们大人觉得孩子们到了北京不去看一下名校是很大的遗憾。但是，同行的学生祁彦巍的妈妈有一个同学在北京外国语学校当老师，给我们当导游弥补了这个遗憾。我们走进北大校园，孩子们那个兴奋劲不知怎么形容才好，我记得特别开朗幽默的女孩瞿诺一路走一路打减肥茶美媛春的广告，后来三位同班同学郎津秋、林坦汇、祁彦巍，我家女儿贺钰雅也一同加入打广告的行列，逗得我们大人笑得前合后仰。当我们走到百年讲堂前时，小孩子们可能是被北京大学引以为豪的这一标志性建筑物的典雅庄重所吸引，不约而同地停下来照相，欣赏这一建筑的魅力。

　　北大校园里给学生们留下较多故事的地方可能是未名湖，我们也沿着绿荫道去感受这个幽静的环境，去感受那些写满岁月痕迹的垂柳、苍松，感受百年名校的积淀。

　　北大学子在校园里吸汲知识养料的地方除了课堂可能就是图书馆了。北大学子新东方创始人俞敏洪在演讲中提过，他们读书那会儿借书都要等很久，因为一本书你瞧上了，可总是被别人先借走，最后自己只能省下一半的生活费去书店买书。当我们走到此处时，孩子们都被它的建筑特色所吸引，遗憾的是，孩子们还不太明白图书馆的巨大作用，我们也无法进入其中一观书海。

　　我们虽进入校园逛了很久，但还没有看到北大特色的西校门。据资料记载，该校门是燕京大学校友于 1926 年集资修建的，所以又称为校友门。西校门坐东朝西，为古典三开朱漆宫门建筑，高不过七八米，风格古朴、庄严典雅，具有浓郁的民族风格。在现代都市建筑的丛林中，尤其显得与众不同。据说当初修建此门时，曾广泛征集设计方案，力求设计出与校园内建筑风格一致的校门，最后终于选定现在这样一个三开大门的庙门式建筑。

　　北大的古香古色、人文气息深深地吸引了每个孩子，孩子们回学校以后也和自己的其他同学分享了这次作文比赛培训营所取得的佳绩和见闻。结果同学们对第二年的比赛培训营充满了期待。

　　2012 年暑假，我在学生余婕妈妈的积极邀请下又带上女儿陪同四位学生一起再游首都，这次我们去参观的是清华大学。清华园的大门口，人山人海，各种各样的夏令营团队挤在门前排队合影，希望把名校的名字和自己牢牢地印在一起。我相信学生中已经有人把这里当作自己的一个梦想。希望我以后还有机会深度游北大、清华，最好是实现了梦想的学子带着我游。这也算是名校带给我的新梦想。

老师，我回来帮你！

"老师，哪天开学？我回来帮你!"这句话陪伴了我三年，因为2012年毕业的六年级六班学生余婕、郎津秋、赵浩然总会在开学前两三天打电话来询问。一旦确定了开学时间，他们就会在我返校当天下午回学校帮我办黑板报、分书。为什么会有这样的师生情分呢？

前面在《我们一起去看名校》里提到，这三位学生就是主人公。2011年暑假郎津秋去参加"为学杯"全国创新作文决赛的培训夏令营时跟我和女儿同吃、同住、同学习、同游玩一周。第二年余婕和赵浩然也一起去参加了夏令营。这种亲如一家人的陪伴是可遇而不可求的。

2012年六月我送走了一届毕业生，9月接了一个新的班级：一年级一班，还兼任年级组长。由于以前长期教高年级，分书、办黑板报都不需要我操心，因为我只需要把得力的助手叫到身边递一本板报书给他们，把本次黑板报的主题告诉他们，把书的位置和数量告诉学生，我就可以去备课，或准备其他开学工作。今年情况变了，一年级什么都需要自己亲力亲为，才可能解决好那些事。可是惊喜来了，上初一的余婕打电话主动要求帮我。这可真是福从天降，这福一来就是三年。

　　每次开学，要么三个一起，要么两个一起，相约来到学校，不用我吩咐，就会直接问我："老师，这次的板报主题确定好了吗？您看我选的这个边花行不？您把几个班的人数写给我，我们先去分书。"我看到他们这样上心，总是无比放心地交给他们。分书时他们总是把全年级四个班的全部分好，最后还把我这个班的所有书都抱到教室放得整整齐齐。

　　记得2013年的春季，开学正好是过大年。等到余婕和郎津秋把黑板报办完已经天黑了，我就领着女儿和她俩一起去学校附近的一个汤锅店吃鹅掌汤。我们一边吃晚饭，一边欣赏周围色彩斑斓的礼花。我不禁在心中祝福道："这么懂事，这么有担当的孩子将来定会有精彩的人生。我能教到这样的学生真是我一生的福分。"2015年5月，中考刚出成绩，余婕的妈妈就打电话来报喜了，孩子已经被江北区十八中录取了。6月下旬，郎津秋发信息问我："老师，要知道成绩不？"我立即打电话过去问结果，考了七百多分。那时我心中的喜悦真是难以言表。

　　时光飞逝，三个孩子已升入高中，我自己带的新班级也已经四年级了。高中学习会更加辛苦忙碌，而四年级的孩子们也应该给机会好好锻炼了。我告诉他们以后开学时就可以不回学校来办黑板报了，让弟弟妹妹自己美化教室，但随时欢迎回学校看望老师，找老师聊天，分享喜悦，分担烦忧。

与我相关的第一面锦旗

　　秋高气爽、硕果飘香的 2015 年 9 月 1 日，对我这么一位平凡的老师来说是一个值得回味的日子。因为今天的开学典礼多了一个赠送锦旗的环节，而且跟我有关系。请看家长代表的发言稿——

　　尊敬的学校领导、老师们、同学们：

　　大家好！我是渝北区新牌坊小学 2012 届 6 班的家长代表唐良梅。今天占用大家宝贵的时间是要代表我们 2012 届 6 班的家长和同学感谢新牌坊小学的辛勤培育，学生们无论走到哪里都为新牌坊小学感到骄傲，感到自豪！感谢 2012 届 6 班的所有科任老师的付出，让我们的孩子进入了理想的初中，今年中考进入了渴盼的一中、三中、巴蜀、十八中、求精、松树桥等。特别让我们家长感动的是教孩子们语文的班主任老师淳安容和数学老师张翠燕，在学生毕业以后也常常关心学生，给学生鼓励安慰，师生情不是亲情胜似亲情。在此，我们家长把千千万万感谢的话语都放在这面锦旗里，请学校领导和老师接受我们真诚的谢意！

　　此次同行赠送锦旗的还有林坦汇的妈妈，她的儿子考入重庆市南开中学，发言人唐良梅的女儿被保送进十八中。据说这面锦旗是在家长 QQ 群里征求了意见才去做的发言稿要先经过我发送给学校审核，所以我保留了下来。

享受拼搏的激情，团结的魅力

又一个春光灿烂、阳光明媚的日子，学校终于可以把本该在上周五就举行的拔河比赛（因天公不作美推迟）完成了。我们班从一年级到四年级一直稳拿该项目第一，我们依然坚信五年级的拔河第一非我们班莫属。

比赛一开始，我们居然对阵最强劲的对手四班，前四年都是在决赛时碰面，今年这个巧合的初赛让孩子们多少有点紧张。看见孩子们那表情就鼓励道："我们有实力，全力以赴，别想太多。"比赛一开始，僵局就上演，中线标志物一会儿移向左，一会儿移向右，但都未能超过胜负线。裁判员、双方啦啦队员、观战的老师都跳着喊着加油。双方运动员咬紧牙关，涨红了脸，紧握绳子，你不让我，我不让你，难分胜负。既然是比赛，胜负是一定要比出来的。不知是地形的优势还是上天对四班的眷顾，最终我班以1:2败下阵来。我班的拔河队员第一次尝到了失败的滋味。这一失利导致我们只能同另一组的输方争夺三、四名了。最后我们五一班以显著的优势赢了五二班，得了第三名。可习惯了得第一的孩子们情绪很是沮丧，个别孩子还忍不住哭了，完全把上周跳长绳、打篮球、跳双摇、打羽毛球赢得第一的喜悦抛之脑后了。在这种情景之下，作为班主任、孩子们的总教练、心理辅导师，就应义不容辞地站出来安抚那一颗颗稚嫩的心。我凭着多年班主任的经验做了如下简短的演讲式安抚：

孩子们：你们今天在赛场上的表现让老师感动，每个人都尽自己最大的努力拼到最后一刻，只是四班的同学在这一年里确实比你们长得快、长得壮，再加上他们团结一心，所以上天也看到了他们的成长，把第一给了他们。这也告诉我们强身健体要持之以恒，才能有更多的实力为自己添彩，为集体争光。另外，我们要明白学校开展运动会的真正意义：让我们感受运动的乐趣，享受拼搏的激情、团结的魅力。运动员在活动中能金夺银固然让人兴奋感动，不能取胜也奋力拼搏同样让人敬佩。我们在赛场上更要学会尊重和感谢对手。因为有强悍的对手我们才知道胜利是难能可贵的，有实力弱的对手我们才明白只要坚持用正确的方法训练胜利就属于我们。

现在让我们借助同学们写的运动会精彩片段回想上周那场逆袭全年级的篮球比赛，希望它能驱赶大家心中的阴霾。记得在选拔运动员时体育老师说只有两个会打，三人的球队都组建不起来，而且水平远不及二班。在练习的过程中运动员陈泽一、张峻铭、金名缘、熊希朗、陈思吉隔三差五地向老师汇报："今天输给二班10分，昨天又输给了四班6分……"老师听了这些并没有失望，依然鼓励大家："没什么，你们要坚持每天早上7:30到校，保证每天练习半小时再去上早自习。练习时一定要把规则弄懂，比赛时不乱打就是胜利。"队员们从选拔出来到比赛那天风雨无阻地坚持参加练习。

篮球正式比赛那天，其他班队员穿着整齐的球服，而咱班还是平常的游击队装备（日常便装），可一开始比赛让我们不敢相信自己的眼睛。咱班队员一个个生龙活虎，身手敏捷，投篮、抓篮板球、运球过人都轻松自在，防守严密，没有推人打手这些犯规动作，而外班看似正规球队的队员却显得很僵硬，要么站着等球，要么是抢球就犯规，比分很快被咱班领先并不断拉大。首场10:0战胜四班挺进决赛，决赛场7:6战胜最强劲的二班，成功上演了两场逆袭强队的比赛。篮球比赛已成为过去，可在座的人人都明白了刻苦练习是可以弥补先天不足的。我们也看到了竞技场的奇妙——瞬息万变，激情飞扬！

孩子们，新牌坊小学第四届师生传统体育艺术节在六年级的最后一场拔河决赛中已落下了帷幕，我们班以年级总积分稳居第一名。胜利属于我们这样团结的集体，我相信运动场上的拼搏精神已融入你们的心中，运动带给大家的激情享受和团结精神将激励大家勇往直前，不畏艰险，勇攀高峰。

2017.4.28

我心中的好老师

新牌坊小学　黄怡笑

在我的心中，有许多老师都值得我尊敬，但最值得我深爱的还是连续教了我四年多的班主任——淳安容老师。

一头乌黑发亮的长发，一张瓜子脸上有一双炯炯有神的大眼睛，高高的鼻梁，这就是美丽善良的淳老师。

俗话说："师者，传道授业解惑也。"老师就是辛勤的园丁，为培育我们这些刚露头的"小苗"而耕耘。

下课了，我把语文作业本抱到淳老师办公室。办公室的门开着，淳老师正在办公桌前一丝不苟地批改作业。她在作业本上写着、画着，时而眉头紧皱，时而点头微笑，时而停笔思考……

淳老师不仅对待工作认真负责，还总是默默地关爱着每一位同学。

我记得二年级的时候，有一次中午回家吃饭，爷爷早早地就来到校门口接我，但等了很久却不见我的踪影，便以为我已经回去了，他也就回家了。当我放学来到校门口时，等了好一会儿，始终等不到爷爷来接，就只好返回教室，不知该怎么办了。正当我不知所措时，和蔼可亲的淳老师给我端来了香喷喷、热腾腾的饭菜。我当时觉得淳老师像妈妈一样贴心，不禁热泪盈眶！

还有一次课间做完操跳长绳的时候，我害怕跳绳，所以同学们甩绳甩了好几下，我都在原地不动，做出跃跃欲试的姿态，但始终不敢跳。淳老师见到了这一幕，把我叫到了一旁，耐心地为我讲解跳绳的技巧，反复讲了四五遍，并以其中跳得最好的金名缘、胡明轩等为榜样让我观察模仿学习。我后来终于学会了跳长绳，感到无比开心。

淳老师上课十分幽默、风趣，经常进行情景教学，让我们扮演课文中的角色，便于我们更加生动、形象地理解课文。

老师是我们成长路上的引路人，她们以伟大的人格影响着我们。

天涯海角有尽处，只有师恩无穷期。感谢您，我的好老师！

老师感言：这是学校德育处在 2016 年秋组织的一次征文比赛中的一篇文章。这篇文章没有经过老师的指导，是原生态的文章。孩子那幼小的心灵和雪亮的眼睛被老师吸引着，感动着你为他做的每一件不经意的事，聆听着老师有心无心说出的每一句话。作为人师，说对话，做对事，那将是塑造心灵的美事。

撼人心魄的好片

——《摔跤吧！爸爸》观后感

一开始想去看这部片子是看到女儿班主任老师的强力推荐，觉得不去看是一个遗憾。一看这片子才觉着处处都能撼动我心，催我落泪。

第一点：执着而又伟大的梦想

这个梦想不仅仅是辛格想要为国家争得金牌，成为世界冠军，更是其想要两个女儿打破常规，走出小村庄实现更多自我。在决赛前夕，辛格对吉塔说，这次决赛的成功不仅代表着个人，更要证明给那些瞧不起女孩的人看，女孩也是有能力的。可以说第二个梦想是老天安排的，女儿身上居然也有摔跤的天赋，从此辛格打破传统，由小梦想转为更深层次的梦想，这种远见与格局是十分令人钦佩的。

辛格的梦想让我想起了母亲。从我能记事起，她就在我们母女独处时传授一句话："别人说女孩无用，你一定要争气。"那时不知道争气是什么意思，但就只想着干什么都努力做好吧，也许这就是争气。在后来的日子里我成了村里少有的两个可以读住校的初中生、高中生、大学生，最后终于跳出了农门，成为村里的稀有文化人。

第二点：坚定而又柔和的父爱

剧中关于父爱的描写是最感人的地方。中年的辛格给我们的印象是一个非常专横的父亲，强迫自己的两个女儿脱掉花裙，剪掉长发，每日晨起锻炼，练习摔跤，完全不符合当地女子的教养。后来，为了女儿营养能跟上，舍下老脸与卖鸡商贩讲价；为了有一个合格的摔跤毯，与体育局人员谈判碰了一鼻子灰；为了能让女儿可以参加当地的稍正规的摔跤赛，千里迢迢还差点被赶出门外……他是一个非常自傲的人，可为了给女儿提供好点的条件做出了各种让步，碰了无数的钉子，也受到了无数的鄙视与讽刺，但是他对于女儿的要求只有认真训练，外界的压力从未发泄在孩子身上，也从未中断对两个女儿的期望。老年的辛格，一辈子的骄傲，却因为条件所限，失去了对大女儿吉塔的管控。看着她逐步走上弯路无能为力的悲哀，我们从每次其流露的愤怒无奈落寞的眼神中可以看出。女儿失败了，不是责骂其为何不听劝，而更多的是鼓励与自责。这让我感受到了父母的无助、心酸，更让我学会了父母在该闭嘴时一定要闭嘴。为了女儿的比赛，在侄子的陪同下住在学校附近，指导女儿训练，花费了大量的金钱、精力和自尊。一个迈入暮年的老人，在学校领导面前乞求女儿的学习资格，自我批评的无力与心酸无人可体会。

第三点：持之以恒的毅力

要说坚持，这部剧中无时无刻不在体现这一点。从生孩子追求男孩（一连生了四胎）到不顾妻子朋友的反对培养自己的女儿成为摔跤手，从一贯要求孩子认真学习自己所教到一路指引吉塔在比赛中的表现（即使被学校驱逐也不放弃指导），这种近乎顽固的、不畏他人异样眼光、放弃骄傲的坚持精神，是十分令人钦佩的。在现实生活中，能做到不畏他人异样眼光、不为他人所扰的又有几人，辛格放弃一时的自尊与骄傲成就更伟大的理想，这种卓越的牺牲又有几人可以毫不犹豫地去践行？自尊是自己给自己的，骄傲也是自己给自己的，他人的吹捧仅是一种表面形式，塑造强大的内在自己，那是真成功！

从理性角度来看，这部剧的优点在于真实。没有炫酷的特效，人物对比十分自然，没有抬高也没有贬低，与现实十分贴合，整部剧的进展也十分具有逻辑性，衔接十分自然，以第三人称讲述故事的模式，贯穿始末。主角间的矛盾由第三方一语道破，没有妥协、没有夸张的感情戏，在励志过程中，人物的幽默风趣、高冷自信的表现，比赛过程中紧张压迫的渲染为整部剧添砖加瓦。人物造型也是非常成功的。

第四点：失望与骄傲

青年的辛格为了自己的梦想，一心想要一个儿子去完成未了的心愿。可上天弄人，无论夫妻俩采用什么方法，最后迎接来了四位公主。当第四个女儿到来时，辛格从墙上把自己的奖牌取了下来，藏在箱子里，脸上写满了失望。看到此处，我的双眼模糊了。我想到了自己的父亲，身为农民，谁不想养个儿子早日接班呢？可我父亲就跟辛格一样，在生下第四个女儿我以后，计划生育政策来了，也意味着要儿子的希望彻底破灭。我真难以想象当我呱呱落地时带给了父亲怎样的失望，泪水禁不住往外涌。若说吉塔最后成为父亲的骄傲，站上了最高领奖台，那么我也成为父亲的骄傲了，因为我是家乡那个村的第一个大学生。

第五点：敬业与敬畏

看完影片对主人公有了强烈的好奇心，就走进网络查询，了解到演员阿米尔·汗为了完美诠释剧中马哈维亚·辛格·珀尕这一角色做了非常励志的行为：先是完成了角色19岁的青年戏份；随后舍弃化妆特技，在短时间内增肥28千克，以演出该角色55岁时发福的状态，体重97千克，俨然一位大腹便便的中年胖子。

最后为了贴合该角色29岁摔跤手生涯黄金时期的体型，用5个月的时间，在健身房挥汗如雨，不仅减掉了25千克的赘肉，更学习了摔跤技巧，练出了拥有八块腹肌的魔鬼身材。在演艺圈为拍戏增肥减肥的都有，但是增重且随后又减重这么多的也是很罕见的。阿米尔·汗怀着强烈的敬业之心；对角色的敬畏之心去拍摄这部影片，怎能不让人敬畏呢？

　　总体而言，这部剧给我的感触太多，还需慢慢体会。毫无疑问，这是一部十分感性的励志片，没有炫酷的技巧，唯有真实。

观《摔跤吧！爸爸》有感

新牌坊小学五年级一班　先美岑

乍一看到《摔跤吧！爸爸》这个名字，我无法像往常一样"顾名思义"，反倒百思不得其解——爸爸？摔跤？这两个词我始终联系不上。

直到走进电影院，我的观念还是不变：难道是一个爸爸摔跤了吗？可我万万没想到，是我在思想上"摔跤"了。

故事的开头讲述父亲生了4个女孩，他要将儿子培养成摔跤冠军的梦想，看似破裂了。可是，当主人公辛格做好准备放弃时，发生了一件事：女儿把村里的男生打得鼻青脸肿。这样的场景让爸爸看到了希望。

爸爸的梦想又燃烧起来，他决定苦练两个女儿，向着理想前进。

直到有一天，最让辛格害怕的事情发生了，大女儿在新教练的错误指导下忘记了爸爸充满爱的谆谆教诲，她变得自由了，但是她连连遭受到失败。最后关头，还是爸爸帮助女儿重拾信心，用适合女儿的训练方法，最终让女儿赢得了冠军。

我们的父母、老师，不正是片里的父亲吗？掩盖在内心的无限的爱，用话语、眼神甚至是深藏在心田的那份温柔来表达，往往需要我们去观察，去细心体会……

你的潜能，也许需要伯乐帮你开发，而之后，你要学会的就是坚持，勤奋！

《摔跤吧！爸爸》观后感

新牌坊小学五（一）班　司杰瑞

同学们，你们都看过《摔跤吧！爸爸》这部电影吧？

影片讲述了一个印度爸爸为了圆自己的梦希望得到一个儿子，但上天最后却给了他4个女儿。爸爸很失望，渐渐地对摔跤也失去了兴趣。突然有一天邻居带着他的儿子找上门来告大女儿的状，爸爸才发现原来女儿也可以摔跤，也可以帮他圆梦。

就这样爸爸开始为女儿制订计划，减肥、跑步、跳远，为女儿乞求摔跤场地，为女儿搭场地挖沙坑，教女儿一个个精准动作，又在众人的嘲笑声中去赢得一次次比赛。大女儿很快去了国家队，由于她的骄傲并反对爸爸，在以后的比赛中接受连续战败，她非常伤心。后来妹妹让她认识到了错误，爸爸接受了女儿的道歉。爸爸一次又一次指导，最后大女儿终于赢得了世界冠军，圆了爸爸的梦。

如果我是大女儿吉塔，我一定不与爸爸抗衡，毕竟父女一场；再说如果不是爸爸发现我的天赋，连摔跤学院的门都进不去，所以我不会跟爸爸闹别扭。爸爸可能会后悔说了当初不该让我学摔跤的话，还有妈妈会哭得很伤心。所以看过这部电影后一定不要让父母伤心，还有有梦想一定要坚持，坚持就会成功。

润泽心灵的一堂课

——《我的小伙伴》教学实录

重庆市渝北区新牌坊小学　淳安容

今天是冬至，我本学期的新课也在口语交际中落下了帷幕。

口语交际的主题是"我的小伙伴"，提示语要求可以从伙伴的性格特点和兴趣爱好入手进行介绍，也可以介绍别的方面。当学生们在读提示语时我心中闪过一个词"积极关注"，我立即做出一个决定，不让孩子们随心所欲地说，而是引导大家关注同学的优点和长处，营造一个相互表扬、相互欣赏的课堂氛围。现将课堂实录呈现如下.

老　师：孩子们，每个伙伴可能都是我们的老师，因为孔子曾说过"三人行，必有我师焉；择其善者而从之，其不善者而改之"。请闭上眼睛用一分钟静静地想一想你的同桌的优点。

陈思吉：我同桌杨阳的字写得好，作业做得快，还常常给我示范书写技巧。

老　师：你是一位善于观察又善于欣赏的孩子，我们把掌声送给你，祝贺你有这么好的同桌。我想问一问杨阳："当同桌这么认同你时，你想说点什么呢？"

杨　阳：陈思吉，谢谢你的表扬，我以后会努力做得更好。我也发现了你的很多优点——上课积极发言，声音洪亮，这点我要向你学习。运动会时你总是能在自己擅长的项目上为班级争光添彩。

老 师：同学们听了你们的交流都跃跃欲试，很想把自己的同桌推荐给大家，希望大家了解自己的好同桌。那么，就请同学们在5分钟内相互听对方说说他心中的你。交流的要求：

1. 左边的同学优先发言，若右边的同学想先说也可交换发言顺序。

2. 听小伙伴介绍自己的时候要专注地听，要用点头、微笑或语言回应对方。

3. 若是觉得同学对你的优点和长处言过其实了，也可质疑。

4. 若是觉得小伙伴对你的优点和长处认识不够深入也可自己补充。

（学生在交流的过程中老师巡视，对热情度不够的学生做个别指导。4分钟左右学生们就陆陆续续地举起了手。）

老 师：此时老师相信你们对自己的同桌已经有了更全面清晰的认识，我期待你们之间相互欣赏、鼓励、赞美的声音！

谭 蕊：大家上午好！我同桌刘晨杰的优点是爱思考，做数学作业反应特别快，好像没有什么题能难住他似的，很值得我学习。

刘晨杰：（乐呵呵地）谢谢你的夸奖，其实我没有你说的那么厉害。你作业写得工整美观，书法作品常常在班上展示，真是令我羡慕。

谭 蕊：我们相互学习，共同提高，一起进步吧！

老 师：谢谢你们的分享！你们的虚心交流，真诚的赞美，有礼貌的倾听和回应更是抓住了同学们的心，为后面的同学做了很好的表率，我们的听众也在静静地倾听。老师为你们会说会听点个赞！我们期待更多的同学来一起分享。

黄琛：先美岑，你好！我要把你的优点介绍给同学们，你会同意吗？

先美岑：当然可以，谢谢你的发现！

黄琛：我同桌是一位认真听讲，擅长写作，待人温和，能歌善舞的活泼女孩。每一次学校的文艺演出都能看到她优美的舞姿，让我们赞叹不已。她的作文常常被老师作为例文让我们学习。

先美岑：谢谢你对我那么了解。其实你在运动上也很有天赋，跑跳投都很不错。你在运动会上也多次为班级争光。希望你能在以后的学习生活中扬长避短，乐观自信！让我们一起扬帆远航，成为黄金搭档的同桌。

老师：老师觉得你们现在就是我们心中的黄金搭档同桌了。孩子们，听到了同桌对你的认同、表扬、鼓励，你们此时的心情是怎样的？

黄俊梁：我感到很开心，原来自己这么优秀，自己却没有发现。我感谢同桌借给了我一双慧眼。

王程：我感到很有力量，觉得在这个集体里很幸福。我以后也要多看同学的优点和长处，还要大方地告诉他。

司杰瑞：我觉得去发现别人的优点并告诉他也是一件很开心的事。开心的事我要坚持做。

老师：同学们，我们大多数人都希望被认同，被人表扬，那其实很容易，就是我们得先学会认同别人，表扬别人，把幸福快乐带给别人，自己也就收获到快乐和力量。我们的生活也多了一份和谐与美好！

教学反思：四年级的学生一般10岁左右，心理发生了明显的变化，开始有了一些自己的想法，但是辨别是非的能力还是极其有限，社会交往经验缺乏，经常会遇到很多自己难以解决的问题，是不安的开始。这也是培养孩子情绪控制能力的关键期，情感发展由易变性向稳定性过渡。孩子社会交往的重心由家庭逐渐转移到学校，同伴关系和友谊成为影响孩子的重要因素，而怎样与伙伴更和谐友好地相处却让一些孩子力不从心，甚至事与愿违。此时更需要师长的细心呵护和耐心引导。我在这堂口语交际课上预设了口语交际目标——声音洪亮、仪态大方、流畅自如地交流，认真地倾听并做出回应。我还巧妙地融进了心理辅导目标——积极关注伙伴的优点和长处，促进大家的成长，营造良好的班级学习成长氛围。本堂课看上去交流的话题范围显得有些窄小，但这却是每位学生都可以去谈论的，也是每位学生都渴望听到的声音。我也相信这是一堂传递给学生正能量的口语交际课，也传递给学生正确的交友法则——看优点和长处，可交往之人甚多。

为什么我的眼里常含泪水

艾青的《我爱这土地》中有个句子特别感人："为什么我的眼里常含泪水？因为我对这土地爱得深沉……"

2017 年下半年，我特别想借用这句诗表达我的心情——为什么我的眼里常含泪水？因为我对他们爱得深沉。

这学期我因工作调动，换了一个学校。因为这事，我在这半年里接到了很多学生的电话。这些电话不是报喜，也不是报忧，仅仅只是为了说一句："老师我想您了，同学们也想您了。"每当我接到这样的电话，泪水就会不受控制地往外涌，可我还要很快平静下来告诉孩子们："你们要好好努力哟！我有时间就回去看你们。"

记得国庆节那天，我独自一人坐在沙发上看阅兵式，突然电话铃响了，我接到了一个女孩打来的电话，喊了一声"淳老师"就再也不说话了。我很诧异地问道："你是哪位？没出去玩吗？"此时电话那头传来了哭泣声："老师，我想您！同学们都想您，我们有时在一起想您都想哭了。"我强忍着心里的波澜回应道："别伤心，老师有时间就回去看你们。"这是新牌坊小学六年级一班的张婷与我的电话对话。

"老师，您不是说要回来看我们吗？怎么还没来看我们呢？"

这是六年级一班的另一位女孩张渝杭打来的电话。早在九月的第二周星期五她就打过一次电话表达思念，我当时说有时间就回学校去看他们。可后来听同事们说家长和学生们跟新班主任配合得欠默契，我就决定不去打扰任何人，相信时间可以让学生们接纳新老师，配合新老师。

时间转瞬即逝，不经意间2018年元旦就到了。我接到了六年级一班的司杰瑞打来的电话："老师，节日快乐！我还给您报告个好消息，我考上二外了，第一学期还免费。""祝贺你！你要好好努力哟！"司杰瑞从进入一年级开始就无论大小节日都会给我打个问候电话。即便今年我调走不再担任他的班主任，他也一如既往地问候老师，表达祝愿。

元月六日，我与过去的同事六年级一班的葫芦丝老师辛秀兰碰面了。她绘声绘色地给我描述了两件事。第一件事是：当六年级一班的学生在她的课堂上讲话捣乱时她就说："前两天我才给你们淳老师打电话夸你们，你们怎么又不乖了呢？"此时就会看到很多双眼睛放着光彩，整个教室瞬间安静的情境。第二件事情是学校某位领导跟学生发生了争执，好像是这位领导狠批了他们一顿，结果全班大哭，不服输，最后还是到校长那里去解决的。我听了此事，泪水只是一个劲地往外涌，心一阵阵地痛。我想要是我没调走，孩子们也许不会经历这么多的苦，这么多的痛，他们会更冷静地处理这种事。

一月十八日是渝北区四、五、六年级学生期末考试的时间。这一天我没有监考，依然在单位完成自己的各种资料。考试结束铃响了不久，我的手机铃响了，是新牌坊小学六年级一班的刘晨杰打来的：

"淳老师，您在哪个学校呀？我们想来看您！"听到孩子轻松的问候，我的眼里满含泪水，也条件反射式地问道："考得怎样？题好做吗？""好做！""老师的学校有点远，你们来不方便。等过几天老师约你们到家里去玩吧！""那一定哟！"电话挂了几分钟后，另一位女孩陶盈颖又打来了电话，表达了同样的意思。

在这半年时光里我的眼里常常含着泪水，只因为我对 2018 届 1 班的学生们爱得深沉，学生们对老师爱得纯粹。这一份纯粹的情谊将指引我更加有爱地善待我正结缘的每一位学生和以后有缘相遇的每一位学生。

附陪伴这届学生的教学随笔：

第三单元测试

2012 年 10 月 12 日

第六周已结束，我很迫切地想知道经过六周的学习，孩子们到底学到了多少，掌握得是否牢固。

放学以后，同事们都纷纷离校，我争分夺秒地改完了试卷，结果远不及第一单元。100 分的同学已从十几人变成 2 人，70 多分者依然还存在，最让人不安的是有个女孩居然留了很多空白，是否不会做？但我还是自我安慰，或许考试时有什么特殊情况我没有注意到，希望下周一能看到她顺利地答完剩下的题。80 多分的还有 8 位。这 8 位同学里有上课很不专注的 3 位男孩，有看上去听讲很认真的 3 位女孩，还有注意力在不断进步的两位男孩。

我记录下这些文字时已到 10 月 13 日的凌晨，我期待下周一能从学生和家长那里得到更明确的信息，是孩子学不懂还是不会读题？真真切切地期待孩子们有进步。

运动 100

2012 年 11 月 10 日

新牌坊小学第十届田径运动会已落下帷幕，但我知道我们一年级一班孩子还处在兴奋、激动之中。因为我们 25 位运动员顽强拼搏、奋勇争先，获得团体积分 100 分，名列全年级第一，全校第三的佳绩。11 位运动员在单项比赛中夺得前三名，获得了奖牌。

作为一年级的孩子能这样高水平地发挥，我简直不敢相信这是事实。因为运动项目密集，跳远和垒球的比赛我还没看到就听学生报告说全都是第一。这样的佳绩确实让我这个班主任想大声欢呼，可声音嘶哑只能拍手为孩子们庆贺。

正因为我班孩子运动细胞发达，所以科任老师们觉得上课不轻松，课堂秩序没那么严谨。不过，我相信一个能在运动场上取得佳绩的班级一定不缺少凝聚力，我还是对这群孩子充满信心的。

三年级真好！

2014 年 9 月 1 日

三年级意味着什么？如果小学老师没有教过一年级和六年级，要回答这个问题真的好难。我把这个班从一年级带到三年级，才感受到三年级真好！

开学典礼开始了，我们三年级一班站在一年级后面，二年级的旁边，在出教室之前我引导孩子们要给一二年级的弟弟妹妹们当好表率。随着一个个环节的进行，低年级的孩子有点静不下来了，可我放眼望去，我班孩子依然静静地听着，完全不受那些低年级孩子的影响，我看到他们的成长和懂事，感到幸福而又满足。

除了排队集合，与孩子们在学习上的交流更让我欣喜。一年级时我说出的话一不留神就会有人举手问："老师那个词是什么意思？刚才那句话是什么意思？"这虽然说明大家听得认真，也善于提问，但是打断了我的教学思路。后来我慢慢习惯了上课用大白话跟孩子们交流。而现在，我可以自如地在课堂上引用俗语、名言，孩子们也能心领神会，我感觉孩子们已经有点"文化人"的味道了。

有点失落

2014 年 10 月 20 日

刚开学时的短暂幸福和满足在科任老师的告状声中变得有些失落与无助。

上周一下午上完音乐课，老师就派班长黄怡笑到办公室请我去处理那几个上课不听讲还扰乱课堂秩序的家伙。听了黄怡笑那气愤的描述，我真想赶他们回家，不要在我眼前晃来晃去。可时间太紧，我根本没时间立即深入处理，只能先平息事态。回家以后我细细一想，学生固然有错，但老师连自己的课堂都无法把控这也需要深思。

这个班的学生活跃，听课专注力确实要欠缺一点，但他们善良、友爱、团结。我希望自己的深度沟通能让科任老师对他们有更客观的评判，能对他们有更好的引领。

《父与子》读后感

　　《父与子》是世界上最著名的连环漫画之一，是德国幽默画大师奥·卜劳恩的传世名作。

　　《父与子》刚开始连载时，卜劳恩的儿子克里斯蒂安年仅3岁，与爱子一起生活的点点滴滴给卜劳恩的创作带来了灵感。他把儿子对父亲的感激之情、依恋之情和父亲对儿子的爱子之心都融入了作品中，使得一幅幅小巧精湛的画面洋溢着纯真的赤子之情与暖融融的天伦之乐，闪烁着智慧的光芒。

　　当我看完这本书后，记起爸爸第一次带我看4D电影的情境。电影刚开始时风平浪静，演到一半的时候突然座位开始配合电影里面的场景晃动，房子在颤抖，我害怕极了，而爸爸看上去淡定自若。我抓住爸爸的胳膊，就像落水者抓住了一根稻草，此刻爸爸将我揽入怀中，抚摸着我的头说："宝贝不怕，有爸爸在，一切都不要惧怕……"那一刻我的内心是安定的，因为有父亲的肩膀和怀抱。

　　《父与子》中所展现的善良、正直、真诚、宽容及幽默感，深深地打动了我的心，同时也成为德国幽默漫画的象征和代表，也是全世界人民宝贵的精神财富。《父与子》之所以能够跨越国界，不仅因为漫画中平凡而伟大的父子之情给我们带来了温暖和欢笑，还因为它那经久不衰的艺术魅力，它那让不同种族的人都能真正体会到的发自作者内心的通俗易懂的情感呈现。不同年龄阶段的读者在阅读后均有身临其境的感觉，又有着对人生不同的感悟。

我和爸爸妈妈均仔细拜读过此书，在交流过程中所体会到的意境和感受却各有不同。我的感受是漫画中儿子的童年是那么欢乐。妈妈的最深感触是漫画中父子俩都有才华，再看我家这对父女俩，一个手机控一个电视控。爸爸的感受是——鸣儿，你看人家父子俩沟通交流多惬意，共同创作了这么好的传世名著，咱俩要好好反思一下了。咱也要做出一些有意义的事情，比如说你要多阅读世界名著，努力在知识的海洋中畅游，成为祖国的栋梁；爸爸要努力奋斗，为国家经济建设不懈努力。又一次深度交流，欢声笑语中，我的家又进步了。

新牌坊小学五（一）班：程鸣鸣

2017 年 8 月 6 日

老师评语：亲子共读《父与子》，站在不同的角度，品出不同的人生感悟。作品带给我们不同的启迪，引领这个家迈出了新的步伐。成长就在这样的无声胜有声中进行。

《中华诵》读后感

中国五千年的文化熏陶着一代又一代人，我们新一代人有义务去传播龙的文化。

自从背了《中华诵》这本书后，我学到了很多我以前不知道的知识。唐宋元明清各个朝代的诗词让我明白了中国的人文风景和历史。

背诵《增广贤文》是五年级《中华诵》中的主题之一。《增广贤文》又名《古今贤文》《昔时贤文》。有很多则名言，比如"天时不如地利，地利不如人和""养兵千日，用兵一时"等都在里面。《增广贤文》让我们知道了很多真理。

《中华诵》中还有一个板块叫"名人小趣事"（我自己想的名字）。比如司马光砸缸""诸葛亮骂死王朗"等情节。让我们知道了很多名人的事迹。

总的来说，《中华诵》是一本"深者得其深，浅者得其浅"的书，它和众多文学作品一样用浅显的方式让我们学习中国传统文化，让我们一起传承龙的文化！

新牌坊小学 五（一）班：黄俊梁

2017 年 7 月 20 日

老师说明：这本书要求全班背诵并在暑假背完上课期间没背完的所有内容，再写读后感，这是选取的其中一篇。

读《柳林风声》有感

　　酷热的盛夏，一个人躲在空调房里，细细地品读着《柳林风声》，我十分感动。这本书主要讲了柳树林中动物们的故事。柳林中老练的獾，他虽然很少露面，在森林里却是一个极有影响力的动物。本性老实善良的河鼠愿意与朋友分享他的所有，而且极富有同情心。鼹鼠是一个任劳任怨、愿意帮助他人而且肯动脑筋的家伙，他总是默默地在背后帮助大家，以积极乐观的态度面对生活。而傲慢的癞蛤蟆靠着富裕的家产，挥霍浪费，最终导致自己的家被黄鼠狼占领，但在三个乐于助人的朋友的帮助下，最后终于把家产夺了回来。癞蛤蟆经过了这些事后也不再狂妄自大了，变得十分谦逊。

　　这本书把我带进了一片风光绮丽的柳树林里，动物们无忧无虑地生活，所有的动物都拥有一颗纯真的心。读完这本书后有一种前所未有的温暖，细细品味后，才发现这种温暖的背后是友谊的力量。

新牌坊小学五（一）班：陈泽一

2017 年 8 月

　　老师评语：愿这份温暖陪伴你走过自己的每一段学习时光，再把温暖传播给伙伴、亲人。

读《所罗门王的指环》有感

　　今天，我读了《所罗门王的指环》一书，这本书讲述了许多关于动物的事儿。其中有一个讲的就是嘲笑动物，而这也是给我印象最深的一个故事。"嘲笑动物"讲述了"人们经常"在动物园看见猴子那滑稽的行为时开怀大笑或是在见到变色龙和食蚁兽这种长相怪异的动物时忍俊不禁，可人们并不知道动物们是在模仿人类，它们的长相是通过古老的进化形成的。

　　我读完这个故事的感想是我们不能随意嘲笑动物，因为动物们有许多动作都是在模仿我们人类，我们嘲笑动物等于在嘲笑自己。而且动物们的长相也是不可嘲笑的，因为这是通过它们一代又一代的历史变迁进化而来的。我们应该把它看成十分神圣的进化之谜和造物之谜。故事也告诉我们要尊重动物，尊重动物等于在尊重我们自己。

新牌坊小学五（一）班：张峻铭

2017 年 8 月

　　老师评语：从你短小精悍的文章里，老师看到了深奥的人生哲理——"嘲笑动物就是在嘲笑自己"。我们要敬畏神圣的进化之谜，造物之谜。

弥补缺憾

五年的光阴转瞬即逝，五年的岁月有数不尽的故事。若能用五年弥补一个缺憾那也是幸事。

2017 年 10 月 19 日是一个阳光明媚的好日子。东原香山实验小学一年级新生迎来了"我是光荣的少先队员"的主题活动及入队仪式。正因为如此，所以这一天显得庄严肃穆而又多了几分温情。这也勾起了我对往事的回忆。

记得 2012 年 10 月 10 日，新牌坊小学一年级的孩子们光荣地加入了少先队，但我却忐忑不安。因为学校大队部只给出 70% 的入队名额，剩下的学生不能入队。作为一年级的班主任，我理解学校的用意。可作为母亲，我却心生苦涩，无比怜悯那些所谓的"调皮蛋"。孩子们那么小，这在他们的心灵深处将会留下多么深的一道痕迹，或许这将让孩子们永远不能忘怀。因为，我至今还清晰地记得自己加入少先队时的情境。

入队仪式开始了，被选为新队员的孩子已站在了最显眼的位置上，其余三个班的班主任都拿着手机或者相机给自己班的那些乐开花的孩子照相，而我却站在剩下的 12 个落选孩子的旁边：一则是担心他们乱动，二则是想看看他们到底会有怎样的表现。当大队委的同学捧着鲜艳的红领巾给新队员戴上，大家拍手欢唱

"红领巾红又红，戴在胸前真光荣"时，终于有两名没资格入队的孩子哭了，哭得让我心疼。我真想抓一条红领巾挂在他们的脖子上，让受伤的心灵得到慰藉。

入队仪式已悄然结束，我当了一回严师，也平静地接受了这已成定局的现实，我想这 12 位未入队的孩子一定能很深刻地记住他们的启蒙老师和这难以忘怀的入队仪式。也许他们会怪老师没给他们入队的资格，但我想说：我也很受伤！

而此刻，我们一年级的 272 名新生将光荣地加入少年先锋队。肖章梅校长亲自为我们五位中队辅导员佩戴红领巾，为五个中队授予队旗。当我从校长手中接过队旗时那种神圣的使命感亦油然而生，希望自己能领着一年级二班 55 位天真无邪的孩子健康快乐地成长，真正地陪伴他们为了理想勇敢前进。

此次活动的两个环节让我深深感动，也弥补了五年前那个入队仪式在我心灵深处留下的遗憾。

感动我心情境（一）：当老队员为弟弟妹妹们戴上鲜艳的红领巾以后，大队辅导员陈佳放起《感谢》这首歌，领着孩子们一起唱起动人的旋律：

感谢亲爱的爸妈，
给我挡风遮雨的家，
为我做香喷喷饭菜，
陪伴我长大。

感谢亲爱的老师，
教导我无穷尽知识，
指引人生迷茫方向，
陪伴我长大。

感谢亲爱的朋友，

分享生活酸甜苦辣，

一起探索这浩瀚世界，

陪伴我长大。

感谢路边的小花小草，

装点风景诗篇。

感谢经过的大风大雨，

增加我勇气。

感谢流动的水，伟大的高山。

感谢上天和大地，我们拥有平安的每一天。

也许一年级的孩子们还不懂这些歌词的真正含义，但我相信这首歌会永远留在孩子们的心中，陪伴孩子们一生。这温暖人心的歌声也留在了家长和老师们的心中，因为我分明看到站在学生后面的家长已经有人在擦眼睛了。

感动我心情境（二）：所有家长站在学生队伍后面见证孩子们成为少先队员的这一刻，还为孩子精心准备了祝福语和礼物，恭贺孩子成为新队员。当家长纷纷拿着礼物走到孩子身旁送上礼物时，孩子们脸上洋溢着幸福和惊喜。我被这一幸福瞬间深深吸引，只想让它定格。我拿起手机从前走到后，拍下那深情款款的一幕幕。

当队会活动结束，我静下来欣赏那些定格美好情境的照片时发现，天下父母的心情是多么相似。大多数家长送给孩子的是书，还有几个送了地球仪。无论送什么，家长们都有一个无言的期待，希望自己的孩子能有更宽广的视野，能用广博的知识丰富自己的人生。

今天这庄严而又温暖的入队仪式已深深地烙印在我心中，还让我回忆起自己入队时的情境。我想这也会印在孩子心中，让孩子们感到温暖和幸福。

淇淇有学习的信心和热情

——家校沟通的 QQ 留言实录

淇淇妈妈：她上周最开始是扁桃体发炎，后来是扁桃体化脓，再后来就起了疱疹、咳嗽。现在就只是有点咳嗽。医生今天开证明说疱疹治愈了，明天可以来上课。

我的回复：有医生的诊断证明，明天就拿来哈。

淇淇妈妈：她周一就不发烧了，每天都把书包收拾好，但是昨晚一直咳嗽，她没睡好，今天很蔫，我们还是再请假一天去看一下，再休息一下。😊

我的回复：好，注意休息！

淇淇妈妈：淳老师，孩子感冒发烧，我们需要请假，真是抱歉。😊

我的回复：好！

淇淇妈妈：淳老师，抱歉，孩子咳嗽太厉害了，我们上午再去做个雾化。😊

我的回复：好！

上面是淇淇的三次请假，也许还不能说明孩子抵抗力差，但事实上她确实是一个容易生病的孩子。正因为这样，她的学习落下不少，汉语拼音的学习本来就不轻松，现在就更加吃力，平常的单元试卷能考出 80 分都是特别优异的成绩了。我为了让淇淇能尽快地赶上同学们的节奏，也牺牲了一些午休时间单独给孩子讲落下的功课。

2017 年 10 月 25 日

我的留言：淇淇妈妈，孩子学习拼音有些累，考试成绩不好，多鼓励她找到学习的信心和适合的方法！

淇淇妈妈：好的，淳老师！她的问题主要是对每个拼音记得不熟。另外，还没找到语感。四个声调还是要一个个记，而不是触类旁通。我们每次做拼音练习都比较慢，有时她基本都说对了，但是没多久又忘记了。我也继续加强对她的辅导，也希望您有好的方法推荐一下。

2017 年 12 月 11 日淇淇妈妈 QQ 留言

淳老师：

她昨天第一次独立拼读了一本故事书《岳母刺字》。以前每次讲故事的时候，我都要求她拼出第一句，我才开始讲。结果昨天她拿过来以后，很快就把第一段读出来了。我就鼓励她接着拼，她差不多把整个故事都能读下来了。

她自己纵向对比，这是个巨大的进步。以前基本上都是我们给她讲完。

她有时候还是会拼错，不过大体上能知道是什么意思了。

我们看电视的时候，她有时候也在旁边读底下的字幕里认识的字，以前叫她读她都不读。

可能在整个班级的孩子里，她的进步是缓慢的，但是我们自己看，还是觉得最近进步很快。

再次谢谢您的鼓励，还有经常牺牲自己的午休时间对她的指导。👿👿

还有个事情比较抱歉，我们当时由于发烧没有去宝贝梦想城，回来以后几个周末都在补作业，直到上个星期她才把数学作业全部补完。我们就没有完成去宝贝梦想城的感想。😐😐

我的回复：没要求都做，有时间再做。

淇淇妈妈：原来是这样，谢谢您。😐

2018 年 1 月 1 日淇淇妈妈 QQ 留言

淳老师：

特别感谢您对淇淇的不放弃！从回家做卷子效果看，她的做题速度大有进步，有时候我都还没有回来，她就把语文卷子基本做完了，只留下一些不会做的。👿👿

淇淇自己也很努力，这次爸爸带她回老家，出发的前几分钟还在做作业，叫都叫不走。

作为妈妈，我也很喜欢她这种不放弃的劲儿。

再次感谢您和各位老师对她的指导！特别是您！她给您增加了很多工作量，真的很抱歉。😐😐

她爸爸比预计的时间回来晚了，所以我们没来得及做听写。😖😐

第二天我才看到留言就没有回复信息了。

2018 年 1 月 3 日淇淇妈妈 QQ 留言

淳老师：

淇淇今天往家里打了好几个电话，说她考了 82 分。请问她是属于进步的吗？

> 我的回复：进步很大！又领了一张小奖状。（第一次领奖状
> 是因为考了 70 分以上）

> 淇淇妈妈：谢谢您的指导！她今天高兴极了，给家里每个人
> 都打电话报喜！

淇淇妈妈及时对我反馈的孩子面对表扬时的情绪反应，会让
我更清晰地掌握教育孩子的方法策略——适合多鼓励表扬。

2018 年 1 月 5 日

> 淇淇妈妈：昨天晚上我抱着二宝，看淇淇写作业。写了一会
> 儿，她突然抬起头说："妈妈，我喜欢淳老师。"
> 我问为什么，她说不知道。

> 我的回复：淇淇太可爱了！相信她心中对老师满满的爱也会
> 让她把语文学好！

> 淇淇妈妈：呵呵，关键是她遇到了您这位好老师，我真的很
> 感谢。因为这是孩子正式上学遇到的第一位老
> 师，而且她起步不好，学习困难重重，而我又忙
> 于带小宝，精疲力尽，这时候遇到让她爱上学
> 习、爱上学校的好老师是多么重要呀！
> 您帮助她拾起了对学习的信心和热情，这是比分
> 数更重要的东西——目前她仍旧是年级学习一般
> 的孩子，但是我能看出来，她很爱学习，而且她
> 对于自己取得的进步充满欢喜——有时回来会兴
> 奋地在地板上跳起乱七八糟的舞。这些都让我由
> 衷地感觉开心。

> 我的回复：孩子能有这样的状态是我们大家的福气。

> 淇淇妈妈：再次感谢您！淳老师，孩子那么多，您也是够辛

苦的，不用回复我了，您快休息吧。🐝🐝

家长巧妙地把孩子对老师的喜爱之情传递给我，我被孩子那纯真的爱打动，会更细心地呵护孩子的那份爱，呵护孩子的成长。

2018 年 1 月 11 日

我的留言：淇淇妈妈，你把最近两周做的那些模拟类卷子给她装订成册，让她读一读错题和题目。最好读 3 到 6 遍，再口头抽查。明天我让她带套新卷子回去，周六、周日做以前错的题。

淇淇妈妈：谢谢您，淳老师！

因为从模拟试卷来看，淇淇考 90 分以上还是很难，希望通过复习、巩固练习让她考好，学习信心更足。

2018 年 1 月 17 日淇淇妈妈 QQ 留言

淳老师：

今天是淇淇第一次参加期末考试，昨晚她就说，我们淳老师说遇到不会的也没关系，要大胆往前冲！我们淳老师说 9 点必须上床！

其实我今天顾不上替她紧张，她奶奶做肺部手术，我们都在等结果。最近半年真是一言难尽，我经常有疲倦得要倒下的感觉。不过，淇淇不知道。她也不容易，一直没放弃学习。最近看她做题终于找到感觉了。在这个过程中您是如此引导和关心她，我的感激真是无以言表！谢谢您。🐝🐝🐝🐝🐝🐝

我的回复：你辛苦了，☕淇淇会好运相伴的！祝老人家早日康复！

2018 年 1 月 19 日

我的留言：淇淇期末成绩：语文 91.5 分，数学 93 分。

淇淇妈妈：啊呀我的天！谢谢您！真是惊喜！我以为她能考

到 80 分以上就不错了。

因为学校不领通知书，考试完学生就放假，我在 QQ 上点对点地给每位家长发期末成绩，所以对家长们的留言都未能及时回复，后来也就没回复了。

淇淇的期末成绩不只是她妈妈惊讶，我也无比惊讶，好几个平常成绩比她好的都没她考得高。在复习阶段做模拟试卷从未见她这样发挥过，也许我们都不该惊讶，因为孩子的学习热情和对老师的信赖会创造很多我们难以想象的奇迹，毕竟孩子的潜力难以估量。

我的反思：这是本学期家校沟通做得比较成功、收效显著的案例，但也有我关注得不够到位、让孩子对小学的生活缺少热情的事例。我希望在以后的教学工作中能点燃更多孩子的学习热情，激发出更多孩子的学习信心。我愿陪同孩子们一起创造美好的未来。

我的节日我做主

　　"年年岁岁花相似，岁岁年年人不同。"又要迎接元旦了，我们以什么样的方式去庆贺呢？学校德育处出方案了，由于一月天气寒冷，就以年级为单位在学校的多功能厅开展庆祝活动。我们一年级除了我是有经验的老同志，其余四个班主任都是新手，负责此次活动的重任就落在了我的肩上。还好我在 2013 年的庆"六·一"活动中作为新牌坊小学一年级的年级组长负责开展过一次类似的活动，我拿到方案就对本年级的所有成员在口头上粗略地分了工，我自己的职责就是拟定和解释本年级活动方案，负责本年级活动的选拔，协调好各方关系，做好上传下达，选拔和训练小主持人。

　　在训练小主持人之前，学校考虑到我们年级学生年龄太小，可以师生一起主持。可在训练的过程中我却发现孩子们的能力真是让我们老师刮目相看。在学校分好角色练习了两遍，就交代学生回家跟父母一起分角色练习，第二天六个主持人里已经有四个全背下来了，剩下的两个也背下了大部分。接下来的工作就是训练小主持人的表情、动作、语气语调。

　　六个小主持人中最让我欣赏的是自己班的朱荻菲。在选拔的时候她正在生病，天天都请假。作为她的班主任我觉得主持人选第一个就应该是她，但鉴于这种特殊情况总是有些顾虑，一开始没让她参加训练，可另外一个女孩确实难以胜任，最后把朱荻菲换上来。结果她后来居上，记得最牢，语气语调在爸爸妈妈的训练下已经不需要指导，同时她还帮搭档记住了台词，偶尔还能帮着纠正错误。

在训练的过程中我们也遇到了一些难题，学生有时间时老师没时间，但我们很快协调好同年级的其他老师配合督促训练，待到 2017 年 12 月 27 日学生们演出时所有小主持人完全脱稿登台，为我们整台文艺汇演增色不少，到场的家长和老师们无不为小主持人点赞。

附件：石娟、淳安容、陈成、郭昱、郑雪梅共同撰写，由郑雪梅整理汇总编排的串词附后

东原香山实验小学一年级 2018 年迎新春主持词
（第一个节目：热场舞结束，主持人入场）

A：尊敬的各位领导，各位来宾，老师们！

B：亲爱的同学们！

合：大家下午好！

A：新的钟声

B：新的一年

A：新的祝福

B：新的期待

A：2017 年已渐渐远去

B：新年的钟声即将敲响

合：今天，我们欢聚一堂

A：我们即将迎来新的一年

B：迎接元旦的曙光

A：这一刻是美好的

B：这一刻是温馨的

A：让我们手牵手

B：让我们肩并肩

A：让我们跳起来

B：让我们唱起来

A：歌唱春天

B：歌唱未来

合：歌唱美好的明天

A：下面，我向大家介绍今天到场的领导

肖校长 、左校长、周校长

B：接下来我向大家介绍今天的评委

陈佳老师 、刘锦绣老师、唐兴老师

A：东原香山实验小学

合：一年级组 2018 年庆元旦联欢会现在开始！

（第 2 个节目：亲子情景剧《快乐星猫》）1.2 班、1.3 班

生：我们有一个共同的家园——快乐星球。

生：在这个家园里，有爱我们的爸爸妈妈。

生：有陪同我们一起长大的姐姐妹妹。

生：请欣赏由1.2 班、1.3 班双胞胎姐妹花带来的《快乐星球》。

（第 3 个节目：小提琴合奏《歌曲串烧》）1.5 班

生：感谢陈妈妈和姐妹花为我们带来的精彩表演

生：让我们怀着快乐的心情

生：在跳跃的音符中寻找彩虹般的微笑

生：请欣赏由一年级五班带来的小提琴合奏

（第 4 个节目：钢琴《康定情歌》）1.1 班

生：如果说世界上有一个乐器王国

生：上一个节目中出现的小提琴就是王国的"王后"

生：那谁是乐器王国的"国王"呢？

生：钢琴。因为琴声余音袅袅，不绝于耳

生：请欣赏由一年级一班王子元带来的钢琴《康定情歌》

（游戏环节一）

（第5个节目：舞蹈《咖喱咖喱》）1.4班

生：哎，这个冬天太冷了，冻得我帅气的面容都僵了

生：不怕，马上给你来一场夏日的热舞，给你火热一把

生：请欣赏由一年级四班带来的舞蹈《咖喱咖喱》

（第6个节目：单口相声《最聪明的人》）1.5班

生：哎，光是我们在讲话

生：听说我们一年级有很多聪明的人，我们来考考他们

生：好呀。我先来，耳加总是——（聪）

生：日加月是——（明）

生：看来大家都是"聪明"的人，那么谁最聪明呢？

生：请欣赏由一年级五班带来的相声《最聪明的人》

（第7个节目：舞蹈《印度女孩》）1.3班

生：说起印度，你会想到什么？

生：我会想到华丽的面纱、美丽的少女和肚皮舞（主持人随意跳几下"肚皮舞"）

生：对呀，印度的歌舞世界闻名

生：美丽的女孩穿着炫丽的服装、伴着悠扬的音乐，营造出一种东南亚情调

生：看，她们来了

生：请欣赏由一年级三班带来的舞蹈《印度女孩》

（游戏环节二）

（第8个节目：表演唱《大王叫我来巡山》）1.2班

生：×××，你觉得我长得可爱吗？

生：你长得人见人爱，花见花开！确实可爱

生：太阳见了我要眨眼睛，鸟儿也会唱歌给我听

生：请欣赏一年级二班全体同学为大家带来的表演唱《大王叫我来巡山》

（第 9 个节目：《时尚对决 + 舞蹈 PK》）1.4 班

生：踏上舞台，每位同学都能尽情展示自己

生：男女好看的舞蹈对决，也能碰撞出别样的精彩

生：请欣赏一年级四班带来的节目《时尚对决 + 舞蹈 PK》

（第 10 个节目：表演唱《兰花草》）1.2 班

生：你们知道我从哪里来吗？

生：我知道你是从山里来的

生：你怎么一猜就准呢？

生：因为你身上有兰花香

生：请欣赏一年级二班的舞蹈《兰花草》

（游戏环节三）

（第 11 个节目：武术《功夫少年》）1.3 班

生：我们大家都知道，习武之人练的就是精气神

生：对。老话说得好，要"站如松，坐如钟"

生：下面让我们共同来欣赏习武之人的风姿

生：有请一年级三班同学带来的武术表演《功夫少年》

（第 12 个节目：舞蹈《礼仪之邦》）1.1 班

生：孔子曾说过："不学礼，无以立。"

生：我国是一个有着悠久历史的文明古国，具有"礼仪之邦"的

美称

生：我们要做一个讲文明、懂礼仪的小学生

生：下面，请欣赏由一年级一班带来的舞蹈《礼仪之邦》

（第 13 个节目：双人相声《吹牛大王》）1.4 班

生：听说你"上知天文，下知地理"？

生：那当然，我可是"无所不知无所不晓"。

生：那我考考你，到底是先有鸡还是先有蛋？

生：……啊，这个……（做挠头样）

生：哈哈，你这个吹牛大王

合：请欣赏由一年级四班带来的相声表演《吹牛大王》

（游戏环节四）

（第 14 个节目：舞蹈《街舞》）1.2 班

生：当我们挥动双手

生：当我们变换脚步

生：当我们腾空跃起

生：当我们旋转飞舞

生：我们总能感到一种青春的力量

生：一种创造的激情

生：一种永不停止的追求

生：跳吧！跳出青春的节拍

生：跳吧！跳出时代的风采

生：我们掌声有请一年级二班街舞少年岑钰岩带来的酷炫街舞

（第 15 个节目：快板《欢欢喜喜迎新春》）1.3 班

生：看过了富有活力的街舞表演

生：接下来让我们一起欣赏由一年级三班的唐瑞霖给大家带来的快板

生：《欢欢喜喜迎新春》

生：掌声欢迎！

（第 16 个节目：合唱《感谢》）1.1 班

生：亲爱的同学们，把快乐和精彩带给了大家

生：让我们看到了美丽和希望

生：是的，成长中，我们忘不了那些精彩和激动的瞬间

生：忘不了那些给我们温暖和呵护的港湾

生：倾诉真情，感悟成长

生：让我们一起倾听一年级一班全体同学的心声

生：请欣赏合唱《感谢》。

（所有的节目结束，主持人入场）

A：欢乐的时光，总是短暂的

B：欢聚的宴席，总有分散时

A：愿今天的声音，送达心间

B：愿今天的舞姿，飞扬天际

（游戏环节六）

合：亲爱的同学们，庆元旦联欢晚会到此结束！

祝愿大家元旦快乐！身体健康，茁壮成长！再见！

序号	班级	表演类型	节目名称	表演人员
1	1.5	舞蹈	bar bar bar	薛诗媛等
2	1.2、1.3	亲子情景剧	快乐星猫	陈芷涵等
3	1.5	小提琴合奏	歌曲串烧	陈诗雨、王馨雨
4	1.1	钢琴	康定情歌	王子元
5	1.4	舞蹈	咖喱咖喱	孙艺等
6	1.5	单口相声	最聪明的人	何沛林
7	1.3	舞蹈	印度女孩	唐子弦等
8	1.2	表演唱	大王叫我来巡山	全体学生
9	1.4	时尚对决	舞蹈PK	曹艺骞等
10	1.2	表演唱	兰花草	赖欣苒、蒲怡中
11	1.3	武术	功夫少年	谢玥汛等
12	1.1	舞蹈	礼仪之邦	熊汐睿等
13	1.4	双人相声	吹牛大王	何余璐、梅曦月
14	1.2	舞蹈	街舞	岑钰岩
15	1.3	快板	欢欢喜喜迎新春	唐瑞霖
16	1.1	合唱	感谢	全体学生

信任 + 了解 = 奇迹

在迎接 2018 年的庆元旦文艺汇演中，我们老师信任六个小主持人，他们用自己的良好表现交了一份理想的答卷。这份信任还因为我们了解孩子们的特点，量身定做的节目串词才让他们有这样高水平的发挥。

回头看看那些主持词，句子都很短小，用词也浅显易懂。其实我们最先写出来的串词并不是这样的，长句子不少，排比句也有，但在训练时我们发现这样不行，孩子们记起来难，老师会给他们写很多拼音。结合孩子们年龄小、认字少、理解能力有限的特点，我们就一边听学生念，一边帮他们修改。记起来困难的、念起来拗口的直接删掉，实在不认识但为了连贯又不能删除的生字就给他们注音。这样就变难为易，化繁为简，增加了小主持人记住串词念好串词的信心，反过来我们老师也对他们更加信任。虽然我们训练主持人时多花了一些工夫，但孩子们却配合得更好，为他们记住和理解节目串词做好了铺垫，也为后来上台的自信表现奠定了基础。

这次小主持人的表现让到场的人称赞，期末学校工作总结会上肖校长都在表扬。我想用一个公式表达我自己对本次师生配合默契的评价：信任 + 了解 = 奇迹。

　　对比 2013 年在新牌坊小学庆"六一"的才艺展示汇演，串词的特点差异还是较大的。因为我根本不相信一年级的孩子能把这样一台节目主持好，所以我写串词时根本就没考虑一年级孩子的特点，直接借用五年级的学生来主持。

　　两份串词的对比让我看到了自己作为老师这个角色的成长。我对自己和学生的定位更加精准，对自己更有信心，对学生也就更加信任。

我和祖国一起飞

渝北区新牌坊小学一年级组庆"六一"才艺展示会

一、活动目的

1. 让每个孩子在自己的节日里展示自己，做真正的小主人，拥有一个开心、快乐的"六一"儿童节。

2. 展示丰富多彩的才艺，锻炼学生的表演能力，发挥学生的想象力和创造力，营造欢乐的节日气氛。

二、活动时间

2013 年 5 月 21 日下午各班初评，5 月 30 日年级展示，5 月 31 日选送学校。

三、活动主题

我和祖国一起飞

四、节目类型

书法、绘画、器乐、舞蹈、独唱、朗诵等

庆"六一"才艺展示主持词

甲：敬爱的老师

乙：亲爱的同学们

合：大家上午好!

甲：这里是一年级庆"六一"《我和祖国一起飞》才艺展示会现场，欢迎各位的光临。

乙：别看我们小，我们大家可都各怀才艺，在各项活动中展现自我。

甲：在"六一"儿童节即将到来之际，我们将大显身手，展现自我。

乙：瞧! 我们的小画家、小书法家、小小钢琴家已经行动起来了。(主持人指引大家观看墙上挂着的书画作品)

甲：他们用稚嫩的小手，描绘着缤纷的生活。

乙：他们用灵巧的双手，弹奏着动听的旋律。(钢琴独奏视频欣赏)

甲：下面有请我们的小钢琴家、鼓手站到台上，让我们认识一下吧!(简单的自我介绍)

乙：童年的生活最幸福，童年的声音最动听。请听一年级三班带来的齐诵《我和祖国一起飞》。

甲：童年的声音更动听，童年的舞姿更动人，请欣赏舞蹈《印度小天使》。

乙：童年是动听的歌，下面请听独唱《快点告诉你》，表演者一年级一班刘姝彤。

甲：听了一首动听的歌，下面我们还将欣赏到一个动听的故事《叶公好龙》，表演者一年级二班汪雨静。

乙：你们不知道吧，在我们这个集体里身怀绝技的人比比皆是，好多人都是深藏不露。在我们同学中还有一位小小武术家——一年级一班的黄怡笑。下面请欣赏他表演的武术《中国龙》。

甲：哇！真是"拳如风，腿如弓，气势如虹"啊！今天算是大开眼界了，我们一年级可谓是藏龙卧虎。愿我们都努力成为腾飞的中国龙。下面请听独诵《小伙伴》，表演者一年级四班廖轩。

乙：同学们，你们爱吃火锅吗？下面请欣赏一年级二班任芷涵的表演唱《火锅娃娃》。

甲：小朋友们，你们知道中国由多少个民族组成吗？（56个）喜欢看少数民族的舞蹈吗？下面就请欣赏一年级一班的陶盈颖为大家带来的朝鲜舞《阿里郎》。

乙：56个民族，56朵花，56个民族是一家。请看手语表演《国有多大》，表演者一年级二班姚佳奕。

甲：欢乐的时光总是那么匆匆，总是让我们充满期待。请欣赏一年级一班韩双鸿的小提琴独奏《欢乐颂》。

乙：同学们喜欢孙悟空吗？请听全年级齐诵《孙悟空打妖怪》。

甲：我们一年级真是人才济济，能唱能跳能诵还能弹，接下来请欣赏一年级四班李文杰带来的古筝弹奏《春到拉萨》。

乙：让我们再次用热烈的掌声感谢李文杰带来的动听独奏。时间在欢笑中飞快地流逝，不知不觉中我们的展示会就临近尾声了。

甲：最后让我们欣赏精彩的舞蹈《天天向上》，也希望我们的学习生活能天天向上。

序号	节目名称	表演者
1	齐诵《我和祖国一起飞》	1.3
2	舞蹈《印度小天使》	汪革飞、凌云点羽、淳钰琴
3	独唱《快点告诉你》	1.1 刘姝彤
4	故事《叶公好龙》	1.2 汪雨静
5	武术《中国龙》	1.1 黄怡笑
6	独诵《小伙伴》	1.4 廖轩
7	表演唱《火锅娃娃》	1.2 任芷涵
8	独舞《阿里郎》	1.1 陶盈颖
9	手语《国有多大》	1.2 姚佳奕
10	小提琴独奏《欢乐颂》	1.1 韩双鸿
11	集体朗诵《孙悟空打妖怪》	年级组
12	舞蹈《快乐跳吧》	1.2 袁婵娟
13	古筝独奏《春到拉萨》	1.4 李文杰
14	《蚂蚁和蚂蚱》	1.2 袁林萱
15	舞蹈《天天向上》	陈可颐、杨阳等7人

乙：在欢歌笑语中展示会圆满结束了，祝愿大家在老师们的教导下自由地飞翔，快乐地成长。

甲：让我们扬起理想的风帆，让我们迎着汹涌的波涛，驶向灿烂美好的明天。

合：同学们，谢谢你们的精彩表演；爸爸妈妈们，谢谢你们的精心培育；老师们，谢谢你们的耐心指导。明年"六一"我们再见！

做个开心助梦人

"为别人点亮一盏灯，照亮了别人，也照亮了自己。"从网络上看到的这句话让我记忆深刻，更指引我实现了一个个美好的愿望。

记得 2008 年 4 月，学校决定开展首届经典诵读比赛活动。从下发方案到比赛只有一周多一点的时间，而我在接到方案的同时还接到了另外一个外出听三天语文精品课的通知。听课机会难得，我不愿错过，经典诵读是每个班必须参加的。在这两难的境地里我想到了科任老师——音乐老师张力，我选出了两篇文章确定大方向，再请她跟学生一起定夺篇目，最后学生们选定了《我骄傲，我是中国人》。张力老师得知我的难处后毫无怨言地为我分担，在排练的过程中主动打电话跟我沟通。我学习完回校后离比赛只有两天时间，当然迫不及待地想看一看学生们练习的情况。学生们在张力老师的带领下已能颇有感情地背诵诗歌，我心里的石头落地。比赛结果更是令人惊喜，我们四（一）班获得年级第一。这次比赛我的班得奖了，音乐老师除了收获我的感激之外什么好处也没有，可在第二年的大队辅导员竞选中张力毫无悬念地当选。我想她的能力和一颗助人之心不只我看到，学校领导和同事们应该都看到了吧！她为我点亮了一盏灯，照亮了我，也照亮了她。

　　2017 年 10 月我们一年级召开了家长会，这次会议针对班级建设完善了家委会，在家委会做好了分工。家委会的完善使学生在开展活动时得到了家长们更多的理解和支持，原来在群里出言不逊的个别家长也更配合了。同时我顺便提了运动会举行时校服应该没下发的问题，家委会在征得我的同意后决定买班服。他们自己拟定通知，自己统计，自己挑选样式，自己量尺码，没给老师增加任何负担。但为我们后来的运动会和庆元旦活动提供了方便，也为班级活动增色。家长的积极参与让孩子们在两天的运动会上既显得有序又取得了较好的成绩。庆元旦活动因为有家长的参与，我们 55 个孩子的妆也只用了 1 个多小时就大体完成了。家校协作，助学生圆梦。

　　刚刚过去的庆元旦汇演我们一年级从策划组织到最后的呈现我都参与了。全年级每个成员各司其职，不分你我，分工又协作。让我感动的人和事至今历历在目。为了让活动过程更严谨，吸引那些六七岁的孩子积极参与到活动中，陈成和石娟积极地准备，精心地挑选抽奖环节的奖品。为了让活动更好地呈现，陈阳为了完善 PPT 加班到晚上 11 点多；郭昱动用家长排练节目，录制活动的全过程，编排节目单。姜玉珍老师在活动中有条不紊地发放奖品。胡代斌和陈佳老师为了支持我让每位学生都上台的愿望，利用他们自己的课外时间帮助一年级二班的全体学生排练节目《大王叫我来巡山》，给出编排意见。石娟老师力争今年的事不留在明年，赶在 12 月 31 日之前完成了美片。我和郑雪梅老师对小主持人的训练，让我们看到了只要老师给孩子们一个机会，学生的潜力无穷——居然全程脱稿主持。全年级老师的精诚团结，让学生们在活动中有了精彩的表现。这次活动我们同事之间彼此成全，家校之间彼此支持，我们都在"为别人点亮一盏灯，照亮了别人，也照亮了自己"。

2018 年 2 月 20 日

做个有梦想的老师

2018年10月12日在中国各大影院上映了印度电影《嗝嗝老师》，这个带有"老师"字样的题目深深地吸引了我。由于我去年看过印度电影《摔跤吧！爸爸》和《地球上的星星》，我都特别喜欢，也带给我很多的思考。我这次也在老公的陪同下走进影院，细细品味《嗝嗝老师》带给我的惊喜。这是一部道出了教育真谛，让人触摸到教育温度的好片。

电影的主人公是一位名叫奈娜·玛图尔的女教师，她身患妥瑞氏症。患有此症的人经常会不受控制地抽搐并发出怪声，而在紧张状态下，叫声和抽搐则会更加频繁。由于先天无法控制自己的发声，勇敢的妈妈带她辗转12所学校求学失败，最后圣诺特克斯中学可汗校长终于给了她一次上学的机会。接下来，校长的一段话让奈娜铭记终生："孩子，这里是学校，每个孩子都是来这里学习的。今天，你教会了我们什么是妥瑞氏症。我代表圣诺特克斯中学向你保证，你会得到和其他同学同样的待遇，同样的教育。"然后，可汗校长给了小奈娜一个非常温暖的鼓励——微笑，和一个大大的、坚定的赞。奈娜的一生，由此改变。

我们很难想象奈娜多年来是如何在学校完成学业的，更无法相信，大学毕业后的奈娜居然励志做一名老师，即便因生理缺陷而一次次遭到拒绝。她和父亲也发生过无数次的冲突，但她从未放弃过自己的梦想。经历过 18 次的求职失败后，奈娜终于在自己的母校争取到了工作机会，但分配给她的任务却是去教全校成绩最差的 F 班，这里有着一群最难对付的学生。被学生嘲笑自己的疾病、被学生欺负排斥、被其他老师带着有色眼镜对待，这些，都变成了她的日常。本以为，她很快就会放弃，却没想到，这令她越挫越勇。

这群表面叛逆内心脆弱的孩子，最终被奈娜老师的真心所打动，变成了努力向上热爱生活的"好孩子"。

他们的人生，因为遇到了奈娜老师，被成功拯救于"水深火热"的生活中；他们的未来，也因为奈娜老师，从黯淡无光变得闪闪发亮。这些教育启示，值得我们思考。的确，只有师生建立起信任和友谊的桥梁，双方的互动才会更有效。

奈娜老师的教学方式和她对孩子们的付出令我们动容。同时，作为老师的我，特别想把自己得到的启示分享给大家。

一、育人育心的老师都会无条件地爱和信任学生

F 班的学生实际上是自卑的。他们的自卑来自于贫穷、来自于学校其他老师和其他班级同学的不认可，但奈娜非常理解这群学生的心理。即使他们各种恶作剧、有各种问题行为，但在奈娜老师看来，都是正常的。所以，奈娜做了很多努力，让学生感受到被认可、被鼓励，让学生们感到温暖、受感动。正是奈娜为了孩子成长全身心，坚持每个学生都是有智慧的，学生们才有了后面的改变。奈娜无条件地爱她的学生。什么是老师的爱，就是相信学生、支持学生、鼓励学生，不放弃任何一个学生。所以，作

为老师，一定要带着爱工作，带着爱育人。那么，你会发现每一个孩子都可以成为更好的自己。

二、教育的有效是以"尊重"为基础的

奈娜老师理解这些来自贫民窟的孩子。他们一切的问题行为，其实背后的诉求都是为了博得其他人的关注，甚至接纳。他们试图用他们的方式来获得关注、认同。在受到其他老师和同学的冷落之后，行为愈演愈烈，甚至出现报复行为。作为他们的老师首先要做的是尊重他们，而不是看不起他们、严苛地对待他们、用老师的角色要求他们。她走近他们，和他们在一起，让他们每个人都看见自己的优势与学习的结合。比如，参加赌博的学生特别擅长算术，编歌嘲笑老师的特别擅长 RAP，有的特别幽默等。有尊重才能有交流，有交流才有懂得，有懂得才会有恰当的教法。

三、不放弃任何一个孩子

影片中的 9F 班学生在奈娜老师接手前成绩从没有及格过，在所有师生的眼里基本是无可救药。奈娜跟校长说，9F 班每个人能齐心协力捉弄老师是有智慧的，于是立下了 4 月期限让每个学生都及格的目标。那么，奈娜是怎么做的呢？

首先，关注学生们的兴趣，通过关注他们的兴趣了解他们，走进他们的内心，为后面的交流、教学做了铺垫。比如，会说

RAP 的学生利用奈娜的怪叫声变成了一段说唱，而奈娜没有生气反而跟着他们一起说唱；比如赌博的学生算术速度超快，就拿出一副扑克让学生给大家上算数课……

其次，变革教学方法。这些问题学生对学习不感兴趣，是因为他们没有信心学好。奈娜便根据实际情况，不按既定的教学大纲教学，而是创造性地变革教学方式。比如，把课堂搬到教室外，用鸡蛋引出抛物线的概念、用篮球运动的方式教物理、用放纸飞机的方式让学生放飞恐惧。奈娜用最简单的方式讲解复杂枯燥的理论知识，并且寓教于乐，让学生有参与感，产生学习兴趣。

如果每一个孩子都能有正确的引导，那么每一个孩子都可能成为一个优秀的人。不放弃任何一个孩子，让他们自由去成长。

四、老师要有教育使命感

影片中有一段话说："普通的老师是教书，优秀的老师是教做人，而伟大的老师是让学生明白教育的真谛。"没有爱、没有使命感的老师是无法成为优秀乃至伟大的老师的。教师通过尊重、鼓励、爱，让每个学生能更好地成长和发展自己。带着这样的教育理念和行为奈娜一直到退休，最后当她走出校门那一刻，曾经的学生过来迎送，奈娜老师的脸上笑容荡漾。我想，那一刻便是她人生中最幸福的时刻了。教师塑造学生的灵魂，肩负着人类的未来。从这个角度讲，教育无疑是最伟大的事业。

五、教师要懂点心理学

奈娜老师是一个成功的心理学实践者。说她是成功的实践者，有两点：一是通过自身的努力克服妥瑞氏症带来的自卑；二是将心理学的方法运用在教学中，让全校最差班级成为优秀班级。她深知学生们内心的恐惧，就用放纸飞机的方式使学生消除恐惧，卸下心中的包袱轻松前行。有人说，所有学生学业上的失败，都是学生心理上的失败。作为老师，我们不能仅仅关注学生的分数、成绩，更要关注学生的心理成长。多了解学生的家庭背景，多关注他们的兴趣，多关注他们的情绪变化。老师有责任培养学生形成独立的人格。

在奈娜温暖的爱与鼓励中，孩子们联合完成了未来城市的作品，阳光能也照进每个人的心中。最后，从教 20 年的奈娜以校长的身份退休，这也与影片开头相呼应。当年校长问奈娜，为什么来这所学校应聘五次都被拒，还要再来？奈娜说，为了校长的位置。这就是梦想的力量。人有梦想，生命才有方向，人生才会意义非凡。梦想一旦被付诸行动，就会变得神圣。此时，所有的问题都不是问题，如奈娜所说：没什么，只是一个嗝而已。

处理好情绪，才能解决好问题

2017年5月给新牌坊小学全校师生做心理健康讲座发言稿

各位老师、同学们：

大家下午好！

今天我给大家交流的话题是"处理好情绪，才能解决好问题"。无论是小孩还是成人，只有在情绪良好的状态下，才能进行有效的学习或工作。因此，情绪处理非常重要。我们在学习生活中要学会"先处理情绪，再解决问题"。如果我们遇到冲突，不会适当地调整情绪，而是经常用生闷气、吵架，甚至更极端的方法来应对，既伤害了别人也伤害了自己。所以，现在当我们在学习、生活中情绪激动时，要学会善意地提醒彼此："先处理情绪，再解决问题的！"我们便会回到自己的感受上来，先努力接纳自己，然后再寻求合理的方法应对。

作为老师，我们只有在了解了你们的情绪表达特点以后，才能学会"认可你们的情绪"。这样不仅可以有效缓解你们的哭闹抵触情绪，而且可以促进你们从"用哭闹抵触表达情绪"发展到"用语言表达情绪"，轻松实现你们的情绪安定愉快。

作为学生，你们只有在了解了老师和父母的情绪表达特点以后，才能学会"认可师长的情绪"。这样不仅可以有效地缓解你们相互之间的冲突，而且可以建立更加亲密的师生关系和亲子关系。

人不可能永远处在好情绪之中。生活中既然有挫折、有烦恼，就会有消极的情绪。一个心理成熟的人，不是没有消极情绪，而是善于调节和控制自己的情绪。那么，如何调节和控制自己的情绪呢？

一是放松练习。当愤愤不已的情绪即将爆发，当紧张的考试即将到来，自己感到深深的不安时，可试着用深呼吸让自己放松。

二是自我鼓励。用某些哲理或某些名言安慰自己，鼓励自己同痛苦、逆境做斗争。自娱自乐，会使你的情绪好转。比如孟子的："天将降大任于斯人也，必先苦其心志，劳其筋骨，饿其体肤……"

三是跟自己对话。当愤愤不已的情绪即将爆发时，要用意识控制自己，提醒自己保持理性，还可进行自我暗示："别发火，发火会伤身体，发火伤感情。"当自己在心中说上三四遍以后，火气已经消了。长期都能这样做就会成为有涵养的人，控制得了自己的情绪。

四是走进大自然。大自然的奇山、秀水常常能震撼人的心灵。登上高山，会顿感心胸开阔；放眼大海，会有超脱之感；走进森林，就会觉得一切都那么清新。其实快乐与悲伤只在一念之间。

五是自我安慰，找到心理卫士。当一个人追求某项目标而达不到时，为了减少内心的失望，可以找一个理由来安慰自己，就如狐狸吃不到葡萄即说葡萄酸一样。这不是自欺欺人，偶尔作为缓解情绪的方法，是很有好处的。

六是转移。当火气上涌时，有意识地转移话题或做点别的事情来分散注意力，便可使情绪得到缓解。打打球、散散步、听听流行音乐，也有助于转移不愉快情绪。

七是恰当地宣泄。遇到不愉快的事情及委屈，不要埋在心里，要对知心朋友、亲人诉说出来或大哭一场。这种发泄可以释放内心郁积的不良情绪，有益于保持身心健康，但发泄的对象、地点、场合和方法要适当，避免伤害别人。如果在身边找不到可以信赖的人倾诉，也可以找专业的心理健康老师、心理咨询师，他们会给你保密。

八是幽默。幽默是一种特殊的情绪表现，也是人们适应环境的工具。具有幽默感，可使人们对生活保持积极乐观的态度。许多看似烦恼的事物，用幽默的方法对待，往往可以使人们的不愉快情绪荡然无存，立即变得轻松起来。

情绪处理好了，我们学习上的难题、生活上的困惑就会迎刃而解，原来事情没有我们想的那么难，那么严重，原来问题还可以换个角度去看待。

情绪困扰不能很好地排解会给我们的身心带来很多危害，让人产生情绪障碍，严重的甚至得焦虑症、抑郁症、恐惧症等。大家听了这些名称可能有些害怕，但这些心理疾病就跟我们的感冒一样，60%~70%的人都有过轻微症状，只要外在压力或者环境一旦改变，或者自己积极努力就自然恢复健康，不需要其他人的帮助。当然严重的就需要心理咨询师甚至是医院的心理医生、精神科医生的帮助才能较快恢复健康。治疗心理障碍和治疗感冒是一个道理。在经济发达的美国，每三个人中就有一个人接受过心理咨询，很多家庭有自己的私人心理医生。1972 年美国还在白宫特别设立了"总统心理健康委员会"，专门为总统提供心理咨询。

老师们、孩子们，维护我们的身心健康关键在我们自己，只要我们善用调解自己情绪的方法，学会换个角度看问题，就会让健康与我们长相伴、就会看到更和蔼的父母、更慈祥的老师、更和气的同学在陪伴我们成长。

班主任基本功

学生的伯乐——才能的发现者

理想的培育——职业的引导者

演讲家口才——人生的激励者

心灵的导师——精神的浸润者

最美的职业　最美的使命

渝北区第四届班主任基本功大赛：我的班主任观

渝北区新牌坊小学　淳安容

在我们的人生旅程中，我们一定不会忘记这样一些人：他们，把我们引进知识的海洋；他们，倾注爱心，激励我们；他们，挖掘我们的潜能，为我们创造成功的机会；他们，整合资源，促进我们全面发展。他们是谁？他们就是我们的班——主——任！现在，我作为班主任，体验着这最美的职业，感受着这最美的使命。

使命之一：倾注爱心　激励成长

"爱是教育的基础，没有爱，就没有教育。"作为班主任的我深爱着自己的每一个学生，我会因优生的收获与成功而欣喜振奋，也会因后进生的进步与成长而衷心祝福。这样，每一个孩子都会感受到被关注和激励，感受到自己的独特与魅力。

使命之二：挖掘潜能　扬长避短

教育的根本目的是充分挖掘每个人的潜力，让人人都获得成功。班主任要树立"人人有才，人无全才，扬长避短，人人成才"的观念。在日常教育教学中既要提高全体学生的整体素质，又要大力发展特长生，培养出类拔萃的优异人才，甚至奇才、偏才，更要为祖国输送建设人才。

使命之三：整合资源　促进发展

班主任是信息资源和物力资源的整合者，他会抓住各种教育契机，选择各种有利途径，培养学生各种能力，促使学生全面发展。班主任更是人力资源的整合者。一个优秀的班主任，应是一个善于沟通交流的组织者。他不因自己的成绩遥遥领先而沾沾自喜，却为各门学科的齐头并进而津津乐道。他知道，教育学生，团结才能出战斗力，团结才具有凝聚力。只有团结协作，群策群力，才能创造出一流的业绩，才能培养出一流的学生，才能带出有战斗力的集体。所以，我常常与学生交流，建立了两支踏实肯干而又团结协作的班队干部团队。他们既为我分担管理重任，又提升了自身素养。我也常常与科任老师沟通，听取班级发展的良策，创造更和谐的育人环境。我还常常与家长联系，争取更多的有效教育时空。在学生面前，我是身份特殊的老师；在老师面前，我是身份特殊的"家长"；在家长面前，我是配合他完成使命的益友。正是这样，我所接任的班两年间语文平均分从 82 分升到 90 分，英语成绩从倒数第一跃升到顺数第一，运动会从榜上无名一跃而成全校积分第一，"经典颂读"连续两届蝉联第一。我欣喜，我是班主任。

班主任，是传递人类文明、文化的使者；班主任，是架起学生成才桥梁的使者；班主任，是完成人间最美使命的使者。

点亮心中那盏明灯

——我的教学故事

渝北区新牌坊小学　淳安容

回首 12 年的从教之路，我没有轰轰烈烈的壮举，生活的平凡赋予我平淡的经历，而平淡中的点点滴滴却又总是那么令人回味，令人感动。

2006 年 9 月，我来到新学校，担任三年级一班的班主任兼语文老师。初来乍到，我与同事们提起自己所教的班级，大家总是摇头："哦，有点麻烦！""嗯，够你头疼！""啊，这个班很出名哟！……"听到这些，我不禁担心起来：情况这么糟糕吗？在与原班主任办移交时得知了一些具体情况：该班成绩年级垫底，平均分与第一名相差十分，全年级最差的三人集中在本班，分数皆为 40 分以下（据一般经验，基本上"无药可救"）；各项活动难以组织，学生就像海滩上的沙一样，即便你把它捏在手里，也会顺着缝隙往地上滑。此时，我的心不断下沉，脚下一片冰凉。但转念一想，塞翁失马，焉知非福；班级越差，进步的空间越大！

把几个最差学生的问题解决，也许其他问题就好办了！首先，我与几个成绩最差的学生的家长取得联系，得到的答复基本类似——我们家长尽力了！孩子就那样了！老师你也别操心了！

这无异于冬天里一盆冷水泼在身上，让我感到刺骨的冷。

于是，我调整了思路，决定暂时不理会个别情况，抓住主要矛盾，解决普遍问题。我需要先观察摸底，根据学生的具体情况，采取有针对性的措施。两周很快过去了，情况大致清楚：学生自由散漫，课堂乱哄哄，讲话的、随便离开座位的、打瞌睡的，令人仿佛置身自由市场；班干部软弱无力，同学违反纪律，干部不及时加以制止，只是向老师告状。第一单元的测试结果出来后，我略感安慰：虽然差生很多，但拔尖的人也不少。

我开始将主要精力投入班风和班队干部的建设上。对学生天天讲纪律，并经常巡视监督。对班干部进行个别调整，定期、不定期召开班干部会议，指导干部如何尽到职责，如何安排工作，如何监督纠正违纪行为。一学期下来，班风班纪有了明显改善，也发现了几名能干的新秀，但是与我的期望相距甚远。运动会的奖牌榜寥寥无几，更为关键的是见识了一盘散沙带来的无奈和刺痛。期末成绩倒数第一的位置依然"稳如泰山"，这无疑是烦上加烦。

结果虽不理想，但我们毕竟努力了，我一定要积极正面地引导孩子。期末总结时，我为孩子们报喜：经过大家努力，平均分比上学期进步了，与兄弟班级的差距正在缩小，追上甚至超过他们指日可待；希望我们能携手努力，争取在下学期打翻身仗。集体活动中，我们没取得好成绩主要是因为训练太少，下学期早做准备，凭我们的实力一定会取得令人可喜的成绩。有人说"盲人眼前虽然一片漆黑，但脚下同样可以开拓出一条光明的路"，我们不是盲人，却不及盲人，因为我们的心灵蒙上了厚厚的一层灰。让我们拿出信心和勇气，去开创一条属于我们自己的阳关道来。孩子们听了这一席话，眼睛里露出了一丝愧疚，然而更多的是欣喜，教室里顿时充满了热烈的气氛。一瞬间，我的心里充满了暖意。

转眼迎来了新学期，我怀着不安和期待，召集全新的班队委共商班级大计。这群小领导绘声绘色地献计献策，我听得心花怒放，原来这帮小家伙非常聪明啊！针对班上学困生长期欠账的现状，选出了三位热心而又成绩优异的学习委员，其中一项任务是与差生一对一地结队子，每天坚持帮助差生，同时提高自我。针对学生集体荣誉感淡薄，开展活动不积极的实际情况，选了荣誉感强、组织能力强且擅长跑跳的两位同学担任体育委员，有音乐天赋的一位孩子担任文娱委员。当学校有大型活动时，班在很大程度上可以自己组织管理训练了。我以前死盯问题生，现在只需要紧盯班队委，必要时候给予指导、帮助，这样既节省了自己的时间，又锻炼了干部。

一个月便初见成效，"两操"规范有力，每日歌声分外嘹亮，"文明班级"的称号也屡屡垂青我们班。运动会的规则和项目还未公布，体育委员已选拔好队员，并带领大家结合前一届的项目和要求训练了两周；学困生从原来的三四十分进步到五十几分，这无疑给我吃了一颗定心丸。到半学期运动会时，我们把全班分为服务组、稿件组、卫生组等六个小组。比赛时，啦啦队员们各尽其职，往年四处乱窜的现象消失了；经过长期刻苦的训练，小运动员们也信心十足，发挥出应有的水平，奖牌榜从倒数第一跃升为冠军。同年级的老师不由得竖起大拇指："不鸣则已，一鸣惊人！"庆元旦歌咏比赛也取得了好成绩。期末考试语文不及格人数从三人减少到一人，语文的平均分也告别了倒数第一。拿通知书那天，我热情洋溢地总结着这一学期的成绩，激励孩子们学会从一个胜利走向另一个胜利，孩子们的欢呼声不断飘出窗外，也传到了期待喜讯的每位家长的耳边。

时光匆匆流逝，不经意间我已把三（一）班带成了五（一）班，这期间孩子们不断成长，夺取第一已逐渐成为习惯：四年级的春季运动会、诗歌朗诵，五年级的冬季、春季运动会和演讲比赛。班上语文不及格的人数也变为零，平均分也从 82 分升到

91 分。

　　回顾近三年来的酸甜苦辣，我与孩子们共同努力，创造了一个又一个惊喜。正是那句"盲人眼前虽然一片漆黑，但脚下同样可以开拓出一条光明的路"激励了孩子，它点亮了孩子们心中的那盏明灯，为他们带来了希望！

唤醒本心　过得精彩

——我的立德树人教育故事

重庆市渝北区新牌坊小学　淳安容

"喂，淳老师，锐锐的中考成绩出来了，考了695分。真是太谢谢你和张老师了，都是你们的耐心教导锐锐才能有今天的成绩，他考了全班第一。"电话里那激动的声音感染了我，我也回应道："恭喜，恭喜！都是你这位妈妈精心培养，锐锐聪明勤奋，我为他感到高兴。"

这一席对话把我的记忆拉回到2010年9月，我刚接手一个新班——五年级六班。一天中午，学校开考务工作会，我安排副班长婷婷到讲桌上做作业，以便代替老师履行职责。开完会回到教室，却发现讲台上坐的人变成了正班长林林。林林看见我就迫不及待地报告道："老师，婷婷和锐锐打架，我们把他们劝开了，但婷婷还在哭，正等您回来解决。"听了报告我是既欣慰又生气：欣慰是因为遇到突发事件，五年级的孩子已经能勇敢地去阻止事态的扩大，平息了风波；生气是因为都五年级了，班干部还在教室里与同学公然打架，真是让人失望。

我强压心中的不快，首先表扬了班长处理事情得当，有效平息了这次风波。然后将婷婷和锐锐叫到办公室，耐心倾听他们陈述事情的来龙去脉：婷婷看见锐锐没做作业却在看课外书，就走到锐锐身边没收了书，提醒锐锐完成老师布置的任务；而锐锐正看得起劲，哪管那么多，不假思索地抢回书本，顺便还用书打了婷婷两下。身为副班长又是女生的婷婷怎么受得了这样的对待，就你来我往地抓扯了起来。在我的耐心开导下，婷婷认识到自己工作方法需要进一步改进，这样大家才会更加支持她。锐锐表示应该先做作业，有空闲时间再看课外书，做事要分清先后。

这件事看起来简单明了，也未引起大的影响，不必深究，但作为班主任，我认为工作需要更加耐心仔细，我决定更全面地调查，弄清行为背后的真正原因。我找来锐锐的同桌及周围同学一一询问，发现问题似乎有些复杂了，有的说他们过去谈过恋爱，现在分手了，有的说是婷婷单相思。考虑到早恋是这个阶段孩子可能遇到的问题，我在班上给男女生分别开会，引导他们认识性别的差异，正确地看待自己心中萌生的情怀和正常的生理变化，倡导大家建立积极健康的同学观、友情观。谈话之后，婷婷的变化较大，学习、与同学交往、班级管理等各方面都小有进步。但是锐却变化不大。

看来没能找准锐锐问题的症结，我决定同锐锐妈妈交流一下，了解孩子在家的情况。交谈中我了解到孩子长期跟妈妈同住，父母不久前离婚了。锐锐曾跟妈妈说我成了没有父亲在身边的孩子，就像班上某几个同学一样，太可怜了。原来如此，家庭的矛盾或变故对孩子的心灵造成了伤害，这是现在问题孩子中较普遍存在的问题，如果不能正确引导，孩子容易畸形成长，甚至走上歧路。

作为老师，我有责任帮助锐锐，让他走出迷茫与困惑。我对锐锐格外留意：发现他只和那些父母离异的孩子一起玩，留的头发挡住了眼睛也不愿意去理，还认为这就是美。面对女生他就像一个小刺猬一样把自己武装起来，谁不小心碰到他准没好果子吃。同时我也发现了他身上的闪光点——体育项目大多数都擅长，书法是班上的能手之一。对如何引导锐锐，我大概有了方向。

转眼进入 10 月中旬，学校田径运动会的方案发出来了。对运动有些喜欢的我知道，运动能激发人的活力，挖掘人的潜能。运动会对于班级而言，更是建立集体荣誉感及团队精神的良好载体。以前这个班的运动成绩不佳，常常垫底。我向大家讲述自己以前所带班级取得运动会成绩年级第一的一次次经历，大家渐渐产生了兴趣。接着，我告诉大家，我们做好哪些，就一定能取得好成绩，同学们的热情被激发出来了。我对班级运动会的队员选拔、训练方案、后勤保障一一做出安排。我特意对锐锐这棵爱运动的苗苗提出了运动会夺冠目标，并让他和体育委员共同负责组织全班的运动员练习。锐锐从未受到过如此重视，对自己的训练十分刻苦，组织训练也特别认真负责。转眼半个月过去了，孩子们一个个都摩拳擦掌，准备在赛场上检验一下自己的训练结果。功夫不负有心人，班上的集体项目 20×50 得了年级第一；锐锐个人也喜获丰收，在 400 米和跳远上分别取得了第一和第二的好成绩，这是他小学五年来取得的最好成绩。班级总成绩获年级第二，虽然未完成夺冠目标，但是甩掉了年年垫底的包袱，大家觉得扬眉吐气。运动会结束了，班上自觉参加锻炼的孩子越来越多，锐锐的脸上常常挂着自信的笑容，同学中也时不时有人向他投去佩服的目光，围在他身边的伙伴也多了起来。运动会开始前一天锐锐到理发店剪掉了过去引以为时尚的长头发，一个充满朝气和自信的孩子出现在大家面前了。

锐锐显著的变化让我意识到，孩子的潜力是无限的，我们只要深入挖掘，就能发现并唤醒他们的本心，给他们更精彩的未来。用什么方式才好呢？我想起了自己曾经在北京听过的一个讲座——《学会感恩》，便召集班队干部商议开展一次名为"感谢有你"的主题队会，告诉大家围绕感谢父母、感谢老师、感谢同学这三个方面去准备活动方案。在准备这次队会的过程中，我让孩子们在两周里学会了歌曲《母亲》《父亲》《感恩的心》，让孩子们都怀着感恩之情开始一天的学习生活。同时，主持人提议让几位同学排练课本剧《地震中的父与子》，锐锐在我的鼓励下也积极报名参与。这次活动我对每一个环节的排练都进行了验收，对课本剧我花了较多的精力进行指导，同时又适时引导这群孩子去体会父母的爱，消除心中对父母的怨和不满，心中时刻装着感激。经过一个月的精心准备，在12月底我们如期开展了主题队会，家长们参加完活动以后，一个个走过来对我深情地说："这个活动太有意义了，我就觉得最近两周孩子好像一下子长大了很多，今天总算明白了。"活动结束以后，班上的同学相处得更和谐，男女生的界限不再那么分明。锐锐也不再排斥女生，能自然平和地与女生交往。我在他的作文中还读道：别人给他取绰号，他不但不生气反而觉得自己是大家的开心果。

两次活动终于唤醒了锐锐善良乐观的本性，唤醒了这群孩子深埋于心底的感恩之情，也增强了一个班级的成长动力，还唤起了我更强烈的爱生之心。孩子们的求学之路更加精彩，我的为师之路亦更加宽广平坦。

反　　思

孩子的异常行为往往只是冰山一角，我们只有耐心地倾听孩子们内心深处的声音，用我们的慧眼去观察，全面地了解在孩子身上发生过的事情，才能找出症结，创造一个个条件，抓住教育的契机，引导孩子去独立思考自己内心的一些不恰当的认识和观念，重建合理认知。

良好的家校沟通是孩子健康成长的有力保障。家庭的矛盾或变故往往伤害孩子的心灵，老师应该适时引导，消除孩子的心理负担。良好的师生关系是教育生效的基础。作为老师要善于发现孩子的长处，鼓励孩子发挥优点，建立信心。

"心怀感恩"主题队会活动方案

——2011年11月感恩节主题队会活动方案

标题				"心怀感恩"主题队会	
指导者	淳安容	性别	女	工作职务和职称	班主任　小教高级
工作单位			重庆市渝北区新牌坊小学		
申报内容					
适合年级		小学高年级		选题方向	培养感恩意识
设计理念		通过对成长过程中身边事件的感悟，学会感受关爱，学会感恩。教育学生，世上并不缺乏爱，而是缺乏能够体会爱的心灵，只要愿意让心灵沉浸其中，便能感受到无处不在的爱和关怀，从而萌发出感激之情。以此来唤醒学生心中那早已尘封的感恩情结。			
活动目标		1. 唤醒学生的"感恩之心"，让学生学会用感恩的心态去面对生活； 2. 通过本次活动，体会父母、师长、亲人、同学、朋友之间无私的亲情、友情，懂得"滴水之恩，涌泉相报"的真正内涵。			

设计思路	在设计这个主题时侧重于正面引导，从感恩父母、感谢老师、感恩所有这三个方面层层深入地开展活动。这符合少年儿童的认知规律。围绕这三个方面，设计了丰富多彩的活动，加入了图片、队员表演等，触动队员的心灵，让他们在课堂上受到启发和教育，从而把意识内化为具体的行动，从小事做起，从身边事做起，做一个知恩、感恩的人。
活动方法	情景体验、讨论、现场访谈。
活动准备	1. 学生学会歌曲《母亲》和《感恩的心》。 2. 学生排练课本剧《地震中的父与子》、钢琴伴奏《母亲》。 3. 擅长书画的10个孩子准备自创作品一幅。 4. 诗歌朗诵《游子吟》《感谢您——老师》。
活动过程	**一、队会程序** 中队长宣布：××中队"心怀感恩"主题队会现在开始。 各小队整队，报告人数。 全体队员起立，出队旗，敬队礼。 合唱队歌（齐唱后全体队员请坐）。 **二、队会过程** **第一部分：感恩父母　懂得回报** 女：许久以来，我们习惯了一种关爱，渐渐地我们忘记了感动，忘记了说声"谢谢"。 男：今天，让我们触摸心底最柔软的角落，走近父亲、母亲，去感受父母的爱、父母的情。请听阎维文的歌曲《母亲》。（创设情境导入主题） （甲）是呀，你入学的新书包有人给你拿。 （乙）你雨中的花折伞有人给你打。 （甲）父母的爱是寒冬里的一把火。 （乙）父母的爱是黑暗里的一束光。

活动过程	（齐）父母的爱崇高、无私而又伟大！ （乙）父爱如山，母爱如河。 队员活动一：三人演课本剧《地震中的父与子》，其余队员谈感想。 甲：是啊，父亲的爱、母亲的爱在儿女面前是那么无私和博大。我们过着平平安安的生活，父母并不能每时每刻都做出惊天动地的事，在平凡的生活中我们又是怎样感受到父母的爱的呢？ 队员活动二：学生分组谈父母疼爱自己的生活小事。 乙：也许有人会说，我的母亲很平凡；也许有人会说，我的父亲不伟大。但天下所有的父母对儿女的爱都是一样的，那就是：为了子女，他们愿意献出一切，哪怕是自己宝贵的生命；只要子女成才争气，他们无怨无悔。 甲：从出生到现在，父母的爱一直伴随着我们成长，我们不断地索取，父母是尽其所能。我们又该怎么回报父母呢？ 队员活动三：第一、二小组深情朗诵《游子吟》。 队员活动四：第二小组用手抄报展示分担家务的一幕幕。 队员活动五：第四小组展示自己的钢琴伴舞《母亲》，表达对父母养育之恩的报答。 乙：其实，感恩不需要豪言壮语，不需要惊天动地。 甲：感恩就是为关心自己的人做一些力所能及的事情。 **第二部分：感谢师恩，涌动真情** A：同学们，我们感谢父母，是因为他们给了我们生命，给了我们温暖的家，让我们看到这五彩缤纷的世界。 B：在人生的旅途中，与我们携手同行的还有为我们打开知识大门的老师。 A：老师向我们传授知识，讲授道理，也像爸爸妈妈一样关心我们。从他们发黑的眼圈、憔悴的面容、渐渐花白

活动过程	的发丝就知道他们每天是多么辛苦。 B：老师，我们真诚地对你们说一声：老师，你们辛苦了！老师，谢谢你们！（全体学生面向老师齐说） A：千言万语说不完我们对老师的感谢，那么，就让我们用一首诗表达我们对你们的感谢吧！ 队员活动六：全班齐诵《谢谢您——老师》。 **第三部分：心存感恩，感谢所有** C：我们要感谢老师，因为他们给了我们知识，让我们远离了愚昧。 D：同样的，我们也应该感恩大自然，因为它无私地给予我们一切。 C：对兄弟姐妹心存感恩，因为他们让我们在这尘世间不再孤单。 D：对朋友心存感恩，因为他们给了我们友爱，给予我们帮助。 C：感激这个世界上所有值得我们感激的人。 D：同学们，让我们行动起来，做一个感恩的人吧！感恩父母，感恩老师，感恩祖国，感恩社会……这是我们共同的宣誓，从我做起，从现在做起。 队员活动七：伴随背景音乐《感恩的心》和主持人深情的话语，各小组代表向在场的老师、家长赠送自创书画作品，其余同学真情演唱。 主持人总结 A：感恩充实着我们的生活。 B：感恩塑造着我们的心灵。 C：感恩使世界更美丽。 D：感恩让我们拥有爱心。 甲：让我们怀着一颗感恩的心去感谢父母、老师、同学。 乙：让我们怀着一颗感恩的心去感谢生活中的点点滴滴吧！下面请辅导员讲话！

	三、结束程序
	主持人：请辅导员老师讲话。
	看到这次主题队会能够成功开展，我感到非常欣慰。这次队会的策划和排练都是同学们用"心"来完成的。我很欣喜地发现，同学们在排练节目的同时，心灵也沉浸在节目当中，所以你们有了许多新的发现。在这次活动中，你们从过去平凡无奇的生活琐事中体会到了感动；你们还从广阔无垠的陌生人海中体会到了感动，这都是你们用心的结果。只要我们有一颗懂得感恩的心，不管走到哪里都能体会到一份感动。心怀感恩吧，我们的生活会更加和谐、美好！呼号！（全体起立，举起右手）
活动过程	辅导员：为共产主义事业而奋斗！
	队　员：时刻准备着！
	中队长：退队旗！（敬队礼）
	中队长：主题队会到此结束。

爱与我们同在

拥有一颗感恩之心，才懂得去孝敬父母；拥有一颗感恩之心，才懂得去尊敬师长；拥有一颗感恩之心，才懂得去关心、帮助他人；拥有一颗感恩之心，才能学会宽容，赢得友谊；拥有一颗感恩之心，才会拥有快乐，拥有幸福。在这个社会里，谁都不能只索取而不付出，人人每时每刻都在享受着父母、老师、朋友、他人、学校和社会的恩惠，人人都需要用一颗感恩的心来对待这一切。通过感恩教育，让学生学会"图报"，知道如何去报答父母、老师、朋友、学校和社会。认真学习了学校的感恩节活动方案后，我班根据本班学生的年龄特点、动手能力、理解能力，开展了一系列感恩教育活动，注重将感恩教育落实到实际行动上。

一、积极宣传感恩月活动

在黑板的左边开辟温馨提示栏，告诉同学们十一月是学校的感恩教育月，提醒同学们用自己的实际行动做到感恩父母、感恩师长、感恩伙伴。

二、感恩父母

结合教材《四跪慈母》的学习，同学们知道了我们来到这个世界很不容易，父母为我们的健康成长付出了很多心血，要求同学们给父母写一封感恩信。爸爸妈妈挣的每一分钱都来之不易，教育同学们节约用钱，不带钱到学校来买玩具和零食。我班开展了给妈妈、奶奶倒一杯水，拿一双拖鞋，捶捶背、揉揉肩，洗一次脚，做一件家务事的活动，从晨会上我了解到每一个同学都积极参加了活动。张钰嘉同学是我们班年龄最小的女孩子，她在家里帮妈妈做了很多力所能及的家务事。别看她年龄小，但在老师的耐心指导下，她在家里抢着帮妈妈盛饭、添汤、擦桌子、扫地、拖地，妈妈觉得孩子进步很大，变得懂事了，十分感激老师的教育。

三、感恩师长

我班召开了以"感恩师长"为主题的队会。老师教给我们丰富的知识，帮助我们养成良好的习惯，在生活上无微不至地关心我们，我们应该怎样感谢老师呢？通过讨论，同学们明白了感恩师长应该主动向老师问好，认真上好每一节课，仔细完成每一次作业，吃好每一餐饭，准时乘坐每一次校车，努力做一名好孩子、好学生。在感恩月中我发现全班同学的作业都写得越来越工整，曾经最不爱完成作业的同学进步最大，现在都能按时完成作业了，而且字迹工整。我们班总有同学悄悄地帮老师做事情，每次我走进教室开始上课时，都会发现沾满粉笔灰的黑板擦被同学们拍得干干净净，这让我感到很温暖。

四、感恩小伙伴

小伙伴和我们一起学习、一起生活、一起游戏、一起欢笑。同学们的友谊陪伴我们快乐成长，一个孤独的人是缺少快乐的。我们应该感谢小伙伴的友谊，在同学碰到困难时，伸出帮助的手。在我们班，谁要是忘带铅笔、橡皮了，会有很多同学愿意借给他。胡海燕、杨渝龙不会背诗，下课后好几名同学主动传授背古诗的方法，几分钟后杨渝龙高兴地说："我学会了!"帮助别人，快乐自己，班级形成了良好的助人为乐的班风。

感恩月已过去了，但我们感恩教育的活动不会结束，我们班会通过身边的一件件小事，抓住有利时机对学生进行感恩教育，树立身边的好榜样，让同学们从小拥有一颗感恩的心，将来拥有幸福快乐的人生。

人生路上感谢有您

渝北区新牌坊小学校　淳安容

"老师，谢谢您！老师，谢谢您！""爸爸妈妈，我爱你们！爸爸妈妈，我爱你们！"这一声声饱含深情的话语还时时在我的耳边回荡，让我想起跟四年级一班的孩子们一起开展"这十年，感谢有您"主题队会的感人瞬间。

五年前，我陪同自己读三年级的女儿和几位学生一起去北京参加"为学杯"全国创新作文决赛及夏令营。在活动中听了王珏老师的感恩讲座，看见在场的几百名学生和上百位家长都被感动得泪流满面。我的女儿和学生都流着泪深情地对我说出感激的话语，那份感动让我终生难忘，我决定把这份感动带给我以后要教的所有学生、所有家长。

五年过去了，我所带班级的学生已经进入四年级，正值孩子们满一旬的时光。我从年初就在思考给孩子们什么特别的礼物，此时参加夏令营的那一感人时刻清清楚楚地浮现在我的眼前，我明白了自己要准备的特别礼物——"这十年，感谢有您！"主题队会。

经过一年的精心构思，四个月的精心准备，两个月的训练，在 2015 年 12 月 30 日下午，我们的主题队会如期举行。全班 30

多位家长到场,所有科任老师和校长、分管德育的副校长、主任、大队辅导员都到场参加活动。面对这身份众多的队伍,我已被大家的支持所感动。

随着一曲《母亲》奏响,主题活动进入"感恩父母,懂得回报"这一环节,三位女孩翩翩起舞。在场的妈妈们听着那饱含深情的歌词(你入学的新书包,有人给你拿;你雨中的花折伞,有人给你打;你躺在那病床上,有人掉眼泪;啊!这个人就是娘,这个人就是妈!这个人给了我生命,给我一个家……),看着孩子们那优美的舞姿,泪水已忍不住往外涌,深深地触动了妈妈们温柔的内心,爸爸们也有忍不住落泪的。接下来的《感谢有您》优秀手抄报展示再一次让大家看到了班级学生能力的成长。歌曲《爸爸去哪儿了》,啦啦操《快乐的歌》把大家带进一片欢乐的海洋。小提琴独奏、萨克斯独奏更是让我们看到了一个人才济济的班集体,也让家长看到自己孩子在学校的茁壮成长,看到了学校、老师给孩子们搭建的舞台。

若说第一板块感动了父母,那第二个板块"感谢师恩,涌动真情"则让在场的老师们难掩感动之意。随着《老师》那一曲柔和的节奏,五位女孩用一个个形象的动作表现出老师的神奇和伟大。听着林妙可那句句入心的词(你给我一句话,就打开我一扇窗;你给我一个微笑,我就浑身是力量;你给我一个眼神,我就找到了方向;你放开双手,让我遨游知识的海洋),我既难掩心中喜悦,又觉察到老师形象的美好高大。舞蹈或许还没有打动每一位老师,但在主持人带领全班深情地对老师们一遍又一遍地喊出"老师,您辛苦了!老师,谢谢您"时,我们的心被孩子们的真情深深地感动了,到场的老师一个个悄悄地掏出纸巾,擦拭眼角的泪花。还有一些老师说道:"这样的情景太感人,待不下去了！"

在活动进入高潮时，一曲《感恩的心》配合着 56 位孩子发自肺腑的手语表演，让现场的老师、家长难以自抑，泪花在眼中闪动。孩子们也从活动中感受到了父母的无私，恩师的重要，伙伴的可贵。正是这些天天相伴的人给了自己快乐，给了自己成长的动力，给了自己感恩的理由。

活动进入尾声时，主持人倡议大家把对父母、老师的爱不但要大声说出来，更要用行动表达出来，给自己的爸爸妈妈一个深情的拥抱作为新年礼物，感谢他们这十年的养育之恩，感谢他们无微不至的照顾。在孩子们纷纷奔向父母时，我拿起话筒用深情的话语去感化孩子们："孩子们，我们的一个拥抱足以让爸爸妈妈知足，足以让爸爸妈妈感动。借这个难得的机会把想说的祝福、想说的歉意都告诉爸爸妈妈吧！"此时多数孩子已和自己的父母紧紧相拥，但还有少部分孩子因父母未到现场依然站在那里，不知道自己这份感动该送给谁。我就接着鼓励道："孩子们，守护我们成长的除了父母，还有孜孜不倦的老师，他们不离不弃地陪伴我们四年，我们给恩师一个深情的拥抱，一个真诚的祝福，一句发自肺腑的感谢，就会让老师们心满意足。"此话一出，一群孩子不约而同地向我涌来，把我团团围住，我眼里的泪水再也不听使唤，只往外涌。

此时我完全沉浸在感动和幸福之中，我也相信我有一群知恩图报的好孩子，有一个充满正能量的班集体。

在孩子们与父母老师深情拥抱之后，我们也为孩子们送上了珍贵的作文集《萌芽集》，希望孩子们在以后的学习路上说真话，表真情，做好人，写美文，快乐自己，愉悦他人。作文集每页除了文字还有孩子的个性照片，设计精美；书中那些稚嫩的文字都是孩子们三年级的启蒙作文，感觉真切，充满童真。

活动最后，学校的邢校长亲自为活动做点评，给了设计作文集的家长、设计主题活动方案的我、精心排练节目的孩子们高度褒奖，让我们人人皆感到活动的成功。校长的褒奖也给了我们团结奋进的力量。

活动结束后我走到家长中间，发现妈妈们都双眼发红，有的还在擦眼泪。我想这件送给孩子 10 岁的礼物，2016 年的新年礼物——"这十年，感谢有您"主题队会已经牢牢地印在家长心中，印在孩子们心中，印在我的心中，印在到场的每一位科任老师的心中，让我们在人生路上时时感恩，处处感恩。

叁

成长路上说不休

总有几节课让我们辗转反侧难以入眠，
也许回头来看它并不那么精致，
也许在当时也没有得到嘉奖，
但它让我牵挂让我忧，
我愿意记录下它陪伴过我的岁月。

《向命运挑战》说课稿

学　校	渝北区石鞋小学	课　题	《向命运挑战》
教　师	淳安容	年　级	六 年 级
一 教材分析			
二 学情分析			
三 教学目标			
四 教学重难点			

（为便于阅读，下表按内容整理）

一 教材分析	本文是九年义务教育人教版第十一册第七单元的一篇略读课文。著名的天体物理学家霍金身患绝症，医生断定他只能活两年半，年轻的霍金没有向命运屈服，靠着顽强的意志同病魔做斗争并不断地进行科学研究，不仅使生命得到了延续，而且成了伟大的科学家。他的事迹表明人是可以主宰自己的命运的。
二 学情分析	由于课文主人公霍金对于六年级学生来说还较为陌生，为了让学生对霍金有一个由点到面、由抽象到形象的全面认识，课堂上教师要恰当地运用好文本和多媒体课件，让学生更直观地了解霍金。
三 教学目标	1. 能正确、流利、有感情地朗读课文，了解霍金同疾病顽强搏斗、取得伟大成就的事迹。 　　2. 学习霍金不怕失败、不怕困难、敢于向命运挑战的精神。 　　3. 培养学生收集资料的习惯和能力。
四 教学重难点	通过阅读课文、浏览有关资料，了解霍金是如何向命运挑战的，并能初步谈谈霍金创造的奇迹给我们的启示。

五 教学构思	这篇课文观点明确，事迹感人，叙述清楚、明快、生动。学在阅读理解上不会有多大困难，所以，本课教学立足于"学生自主阅读，自主感悟，自主收集，自主积累"能力的培养，体现学生"自主、合作、探究、创造"的学习方式和教师的适时适度引导。
六 教学方法	教法：以学定教、相机引导。 　　学法：自主阅读感悟，自主收集积累，自主探索创造与互动交流相结合。
七 教学准备	师生课前收集霍金的资料等。
八 教学课时	1 课时
	教学设计
（一） 交流释题 留下悬念	直接出示课题，师生互动质疑，并让学生结合自己的知识水平和对生活的理解，说出自己对课题的理解，明白"命运"和"挑战"的含义，并练习说话。再引出课文主人公霍金，留下悬念，引发学生强烈的探求欲望。
（二） 展现资料 初识霍金	（1）课件出示霍金照片及生平 　　新的课程观强调"教学不只是传递和接受课程，更是课程创新与开发的过程"。利用课件展示霍金坐在轮椅上的照片及生平简介，引出学生汇报收集的有关霍金的资料，大体了解霍金其人其事，丰富课程内容，让学生在交流汇报中充分接受共享的资源，实现资源互补。这是立体式的交叉与互动，让学生体验交流合作的愉悦。 　　（2）教师小结，介绍方法 　　在学生充分交流汇报的基础上，教师小结收集资料的方法和作用，培养学生收集处理信息的能力。同时自然过渡到对课文的学习，激发学生了解霍金的强烈愿望。

1. 自主选择,放飞思维

布鲁姆说:"选择适合儿童的教育,而不是选择适合教育的儿童。"我在设计这个环节时遵循"以学定教"的原则,让学生充分地自读、自悟文本,采用自己喜欢的"读一读、画一画、议一议、评一评、赞一赞"的方法学习课文。让学生在课堂中感受到尊重、愉悦和鼓舞,悟出霍金留下辉煌成就的原因是他不怕困难、不怕失败,有挑战命运的精神,从而让学生受到感染和熏陶,为他们树立正确的人生观、价值观,产生积极的影响。

2. 汇报自学,相机引导

(1)文本的意义在于价值性的解读,通过对字词句的理解生成独特的感受。因此,教师有力地抓住具有深刻内涵的语句,体会霍金的所想所说所做。(例如:①霍金心里想,反正就是一死,命运的能耐再大,最坏也不过如此。②他对自己说:"时间只有两年半,不算多,要努力做些有意义的事,让生命留下一点辉煌。")这样的引导就充分挖掘了文本的内涵,让学生感悟到霍金有一种"不怕失败,不怕困难,敢于和命运挑战的精神",进而激发他们积极向上、敢于向命运挑战的勇气。文本情与读者情融为一体,这就是语文教学人文性的具体体现。

(2)接着老师引导学生找到文中的过渡句(霍金向命运的挑战,不仅仅是指他能活着,更是指他的创造),从而明白霍金所做,让学生明白霍金向自己的命运做出的挑战——活着和创造。教师顺势板书。

3. 抓住朗读训练,读出真实体验

以读为本,读中感悟,读中体验,读中积累,读中训练语感,是语文教学的基本内涵,但读不是泛泛地读,要读得有层次,读得有重点,读得有针对性。所以,在朗读的训练中,教师的引导和点拨是至关重要的。学生的情感往往要靠教师的激励和启发。例如:霍

（三）
感悟文本
走近霍金

（三） **感悟文本** **走近霍金**	金就是这样一位向命运挑战的人。这正是课文第一自然段所说的他有一种精神：这就是一种不怕失败，不怕困难，敢于向命运挑战的精神。在领悟了霍金的所想所说所做之后，再引导学生来读课文的第一自然段，学生一定会有新的收获，对霍金的精神一定会有更深刻的理解。
（四） **创设情境** **开拓思路**	在学生对课文有了一定的感悟之后，设计综合发散题。由教师（或学生）扮演霍金，接受学生的采访。先让学生自己考虑好准备向霍金提出的问题，再口头发问。教师（或学生）扮霍金的目的在于创造情境，不在于回答学生提出的每一个问题，在于引导学生学会怎样交流，引发学生探索的兴趣。 　　这样既明确了学生对课文内容的理解和对思想观点的感悟，又顺应学生的需要。唤起了学生的生活积累和体验，让学生入情入境想象、体验情感，创造性地理解角色、理解课文、发展语言。
（五） **拓展作业** **延伸课堂**	苏联霍姆林斯基说："只有激发学生进行自我教育的教育才是真正的教育。"《新课标》强调课内与课外的互补，也就是受益于课内，发展于课外。因此我的教学设计，没有局限于文本中的知识，而是借助文本联系到课外，让学生自己去阅读霍金的资料和其他身残志坚的杰出人物的故事。我们不但要让学生在课堂上学有所获，更重要的是让他们走出课堂后能获得更多。因此，我设计的课后作业是（并引导学生读课外书和上网查阅）： 　　1. 摘录文中值得你铭记的句子，抄下来，作为你的座右铭。 　　2. 推荐阅读书目：《霍金传》《时间简史》《张海迪》《钢铁是怎样炼成的》。
九 **板书设计**	向命运挑战（霍金）｛活着　创造｝⟹留下辉煌

2005 年 11 月

习作《运动会》说课稿

学校	渝北区新牌坊小学	课　题	习作《运动会》
姓名	淳安容	年　级	五　年　级
一 说教材	"运动会"是西师版教材五年级下册第四单元的习作主题。习作要求把自己感兴趣的写下来，要注意分段表述。写完后，要与同学交换修改。		
二 说学情	五年级的孩子已有较强的竞争意识，对参加运动会有较高的热情，也曾在作文中写过活动的片段，但要让孩子们写出新意、写出独特感受也有一定难度。		
三 说目标	所以，我根据孩子们的现有知识水平和《新课标》的要求，特拟定以下目标： 　　1. 把亲身经历过或观看到的最感兴趣的活动场面详细生动地描写出来，写出自己的独特感受。（教学重难点） 　　2. 指导学生形式多样地修改作文，练习自改，相互批改，品味美文，提高学生鉴赏和修改能力。 　　3. 详略得当地安排文章内容。		
四 说重难点	把亲身经历过或观看到的最感兴趣的活动场面详细生动地描写出来，写出自己的独特感受。		
五 说方法	创设情境法、赏识激趣法、观察描述法、合作评议法		

六准备	为达成教学目标，我将从自己的着装到教室环境的布置，都让孩子们感受到浓浓的运动气息。

说教学过程

第一板块 指导作文	一、再现情境 引出主题	借助声像资料，再现情境，营造气氛，引出主题。在孩子们欣赏完场面后，我问：孩子们，你们能用一个词或一句话说出自己的感受或者联想吗？（振奋人心的运动会、骄傲的健儿们、我为他们喝彩……）这样就初步确定了作文标题。
	二、感悟描写 唤醒记忆	在孩子们兴致正高时，屏幕再出现接力赛的场面及优美的场面描写，这就是环节二——"感悟描写　唤醒记忆"。在孩子们品读完这个片段以后，我问孩子，作者是怎样让文章生动传神的呢？有的孩子可能说作者运用了比喻和拟人的修辞手法，有的孩子可能说作者把运动员的神情和动作写得很细腻，还有孩子会说作者把点和面巧妙地结合起来了。这样就唤醒了孩子们对写作方法的记忆，唤醒了孩子们对生活情境的回顾，激发了孩子们表达的愿望。 例：运动会上人头攒动，像一面面迎风飘动的彩旗，像随风逐波的麦浪。"加油！加油！"会场上传出一声高过一声的加油声。只见运动员咬着牙，脸憋得通红，手紧握接力棒，眼睛紧盯着终点处的红布条。糟糕，一名运动员手中的接力棒掉到了地上，他迅速转身，向着棒飞似的掠过去，棒便握在手里了。他继续向前跑。树上的麻雀在枝头上蹦来蹦去，急得直跺脚。第一名终于冲向了红线，全场一片欢呼，人们簇拥而上……瞧，树上的小麻雀蹦得更欢快！
	三描述场面 畅谈感受	会学习的孩子不但要掌握方法，更要灵活恰当地运用方法，这就是环节三——"描述场面　畅谈感受"。屏幕上出现了一个个精彩的画面，我引导孩子们找准观察点和面用眼睛去观察，用心去感悟，用语言去描述。 有的孩子可能描述：我从运动员那专注的神情、娴熟的动作，悟出了细节决定成败的道理。有的孩子可能描述：我从长跑运动员面对漫漫征程，无所畏惧的表现中感受到了坚持就是胜利。有的孩子也可能描述为：我从啦啦队

第一板块 指导作文	三、描述场面 畅谈感受	员那响亮的呐喊声、助威声中明白了团结就是力量。有的孩子还可能描述：我从那一张张灿烂的笑脸上感受到了成功的喜悦。 听完孩子们绘声绘色的描述后，我再引导孩子们用三言两语略述自己未关注到的项目，或自己不感兴趣的项目。这样就能让孩子们很清晰地了解到文章的详略。
	四、结合板书 即兴创作	言为心声，文为情作，请孩子们把自己细心的观察、精心的构思、独特的感受、鲜活的文采，行之于文中，让读者身临其境，仿佛置身于运动场上。
板书		运动会 场面描写　具体：点面结合　动静结合 　　　　　生动：比喻　拟人…… 详略得当　详写：感兴趣 感受深 　　　　　略写：没关注到的场面 感　受　真情实感　见解独到
第二板块 修改点评赏析	一、自助餐，改一改	首先我引导孩子回顾修改作文的方法（换一换）（删一删）（加一加）；再引导孩子自读自改，完善习作，强化修改作文的意识。
	二、营养餐，品一品	孩子们，你们品尝完了自助餐，我还要为你们送上营养餐。 1. 把自己最满意的段或句读给小组同学听。 2. 请小组长推荐一段最优美的段落在全班交流，若孩子们听了确实觉得生动传神就送上热烈的掌声，同时再送上你真诚的点评。 目的：以此提高孩子们的鉴赏能力。这样也让每个孩子在课堂上感受到创作的成功，感受到被人赏识的喜悦。
	三、疗养餐，评一评	营养美味品尝完了，孩子们一定悟出了不少新的写作评改方法，请你们用这些好方法把这篇文章改改评评（一篇存在场面描写不详细传神），送上你们为它做的疗养餐。 在此基础上让同桌间互评互改、写评语。以此提高孩子们的诊断能力，点评能力。

第二板块 修改点评赏析	四、美容餐，美一美	一日三餐都有了，请孩子们课后再做一道美容餐： 1. 认认真真地誊写习作，给文章穿上一件漂亮外衣。 2. 好文章不厌千遍改，在以后的习作练习中请你们采用多种方式、多种途径修改自己的习作。 3. "读书破万卷，下笔如有神。"请孩子们多读好书，勤于积累，丰富我们的语言，滋养我们的心田。

2009 年 11 月

《美丽的家乡》教学实录

渝北区新牌坊小学　淳安容

教学目标：

1. 培养学生热爱家乡、热爱祖国、热爱大自然的思想感情。

2. 引导学生对自己喜爱的景物进行仔细观察，抓住特点，并展开想象。

3. 学会按一定的顺序进行描写，做到条理清楚。

4. 要努力做到语句通顺，不写错别字。

教学准备

1. 把握本次习作知识点

（1）如何按一定的顺序来描述景物的特点；

（2）写景的过程中如何展开联想和想象。

2. 收集本次习作的素材

（1）搜集家乡景物的照片；

（2）搜集一些描写大自然美丽景色的词语、句子、段落、文章；

（3）选择家乡最美、最有特色的桥梁，指导学生仔细观察，做好记录。要记录清楚景物名称、景物所在位置、景物的主要特点，并将所记录的材料与同学交流，相互启发，丰富素材，为习作做好充分的准备。

重点：抓住景物特点，按一定的顺序写。

难点：把家乡的美景描绘出来，写得具体、生动。

教 学 实 录

一、课件展示美景，静听老师描述风光

1. 师：每个人都爱自己的家乡，无论走到哪里，家乡的美景永远留在心里。瞧！我们家乡的桥像一条条彩虹，又如一条条巨龙横卧在大江之上，古色古香的古镇令人流连忘返。今天，我就陪着孩子们一起去欣赏我们家乡的美景美食，用我们的笔去描绘迷人的家乡。

2. 师：下面我们请在综合性学习时推选出来的优秀小导游向大家介绍家乡的美景美食。

学生银志航：各位游客，大家好！我给大家介绍的是——家乡的桥

学生陈冬黎：各位游客，大家好！我给大家介绍的是——家乡的美食火锅

二、弄清要求、明确目标

过渡：孩子们听了小导游的介绍，是不是也想向大家介绍家乡的美景美食呀？那就请读一读写作要求，把自己认为最重要的记下来告诉大家。

生1：重点说出景物的特点。

生2：按一定的顺序写清楚。

生3：充分表达出热爱家乡的情感。

三、写作方法指导

师：我们的家乡有数不胜数的风景名胜、风味美食，你们已经用慧眼发现了，请你选择一处自己喜欢的景物写下来。

（1）抓住景物特点进行描写。

可以让学生说说景物的特点有哪些。

师：你打算写的景物有哪些？有什么特点？

生1：我准备写菜园坝长江大桥。写出它的雄伟壮观，独特的公路和轨道两用交通要道。

生2：我准备写大足石刻。写出它的历史悠久，技艺精湛。

生3：我准备写瓷器口古镇。写它独具特色的建筑风格。

生4：我准备写火锅。写出它的味道和颜色。

（2）按一定的顺序写。

师：写景物要选好观察点，按一定的顺序细心观察，先写什么、再写什么、最后写什么要安排好。

生1：我准备按从上到下的顺序写桥。

生2：我准备按晴天、雨天所看到的不同景象的顺序去写古镇。

生3：我从色、香、味的特点入手去写。

（3）展开合理的想象。

师：为了使文章写得生动、感人，对自己观察到的景或物展开合理的想象，并在文中表达出来，表达自己对家乡的热爱之情。你怎样才能做到呢？

生1：我用比喻、排比的手法让文章更加生动。

生2：我准备用拟人的手法使古镇像一位老者一样展现在大家面前。

生3：我采用反问和设问的手法表达自己对家乡的喜爱之情。

（4）写作步骤可分成三段。

第一段：交代家乡的位置及特点。

第二段：详细地写家乡的一处景物。

第三段：赞一赞家乡的美。

四、确定题目

师：孩子们，一篇好文章需要有一个好的题目，请你们根据自己所选内容的要求，确定一个动听的题目吧！

生1：家乡的（　　）：

生2：我爱家乡的（　　）

生3：迷人的（　　）。

五、欣赏范文（指名读，预先选定喜欢的范文）

六、自由作文

2014 年 11 月学校教研课

《称赞别人是美德》说课稿

学校	渝北区新牌坊小学	课　题	称赞别人是美德
姓名	淳安容	年　级	五　年　级
一、说教材	\multicolumn{3}{c}{}		

学校	渝北区新牌坊小学	课　题	称赞别人是美德
姓名	淳安容	年　级	五　年　级

一、说教材	《称赞别人是美德》选自西师版教材五年级上册第三课，教材上设计了两个辅导策略：一是赞人之长，二是容人之短。
二、说学情	五年级的孩子正值十一岁左右，最大的特点是以自我为中心，他们奉行的处事态度是"宽以律己，严于待人"，与伙伴之间的矛盾增多，很讨厌别人批评他们。作为老师要对他们多一份理解、多一份接纳，才能更有效地与他们沟通。
三、说目标	我根据教材和孩子们的心理行为特点，特拟定以下目标： 　　1. 通过本节课的活动，使学生能正确认识自己，接纳自己。 　　2. 学会发现别人的优点，掌握一些赞美别人的方法和技巧。 　　3. 引导学生认识到赞美别人在人际交往中的魅力，体会愉悦的情感。

四、说重难点	学会发现别人的优点，学会用真诚的态度去赞美别人。
五、说方法	游戏体验法、自我感悟法、合作促进法
六、教学准备	优点卡、赞美树

说教学过程

<table>
<tr><td rowspan="4">教学过程</td><td>启发谈话
引出主题</td><td>　　我把上课的问候方式变成夸奖孩子们的精气神，既让他们感到新奇，又体验到了被表扬的愉悦，从而引出主题——称赞别人是美德。</td></tr>
<tr><td>寻找优点
尝试赞美</td><td>　　1. 在此环节首先设计了一个"报数"游戏：爱玩是孩子的天性，而游戏则永远是学生玩耍的主题，我采用"报数"游戏，请 10 位学生参与其中，调动学生参与课堂活动的主动性和积极性，让学生的情绪变得更加开放，为后面的交流体验活动奠定基础。
　　2. 在游戏结束时请同学们一起发现游戏的三位胜利者的优点。
　　3. 引导学生多角度、全方位地发现别人的优点，更准确地认识他人。</td></tr>
<tr><td>真诚赞美
感受喜悦</td><td>　　1. 掌握赞美的技巧：发现他人的优点或许不难，若是能用赞美的话语把别人说得心花怒放，仿若遇到了知音，那可是需要更多的智慧和技巧。聪明的孩子们，你们有招儿了吗？有招儿就告诉我们。
　　A. 看着对方，面带微笑；
　　B. 态度真诚，发自内心；
　　C. 实事求是，用词准确。
　　过渡：你们的高招儿让老师不由自主地想奖励聪明伶俐的你们，奖励什么呢？再玩一个游戏可好？
　　2. 互动活动：赞美优点大轰炸。
　　游戏规则：四人分为一个小组，先请大家在</td></tr>
</table>

教学过程	真诚赞美 感受喜悦	小组长的带领下依次找出小组成员的一个优点，并用刚学到的方法去赞扬你的组员（交流完后可以写在赞美卡上，赞美卡可以直接送给伙伴，也可以贴在赞美树上）。 3. 大家体验得到别人的赞美时心里有什么感受。 4. 你在用心发现别人的优点时，有什么体会？ （有一种乐于欣赏别人优点的心态，还要敢于当面赞美对方） 5. 学人之长，容人之短。 此教学过程由"扶到放"，体现教学训练的层次性；参与的人员"由点到面"，发挥了学生的主体作用，使每个人都能感受到赞美的愉悦，人人都能获得情感的体验。使孩子们都能清醒地认识到每个人都有自己的闪光点，从而都能正确地认识自己和他人，接纳自己、客观地评价别人。同时，也进一步使学生们感受到赞美的魅力，不仅可以给人带来温馨和快乐，而且也能激发人的自信和希望，体会到赞美起到桥梁和纽带的作用，为建立良好的人际关系，进行健康的人际交往打下良好的基础。这样顺利地解决了重点和难点，也实现了我们积极心理学所倡导的"阳光心育"目标，真正做到了积极关注，促进成长。
	总结延伸 感情升华	1. 布置家庭作业：我们感受了赞美的魅力，学到了赞美的技巧，那就把赞美送给身边的老师、家人、伙伴等，把他的优点写下来，告诉他，或做成漂亮的卡片送给他。 2. 总结激情：赞美是春风，它能使人感到温馨和快乐，可以激发自信和希望。赞美是阳光，愿赞美的阳光普照在我们每个人的心田，让我们的生活更加幸福美满。

板书设计

看着对方，面带微笑

态度真诚，发自内心

实事求是，用词准确

2016 年 11 月

亲子阅读

你或许拥有无限的财富，一箱箱的珠宝与一柜柜的黄金，但你永远不会比我富有——我有一位读书给我听的妈妈。

——吉姆·崔利斯

爸爸们——当你们为孩子朗读时，同样也获得了第二次机会去阅读和欣赏自己童年时代错过的书。

——吉姆·崔利斯

亲子阅读让我们一起成长

为了推进我自己亲自主持的一个课题"亲子阅读促进语文素养的提升",丰富课题的资料,我于2018年3月10日亲自编辑了如下信息发在班级群里。

淳老师求助:1. 孩子们的亲子阅读卡已交来了很多,我准备选取部分装订成册,记录他们的成长,希望家长朋友们能结合你们陪同孩子读书的收获感想写成文字,发在我的QQ邮箱里,我订成册时一并收录。例如:一同读《弟子规》时孩子和家长的心情、收获。一同读日记体书《今天真开心》的收获,孩子、家长的变化等。收获感想多、文笔好就多写,收获少的简短感想也成。2. 如果能配上亲子和谐共读的照片更完美。3. 此事尽力而为,建议家家都写。实在为难写不出来暂时不写也不碍事。

在接下来的两三天时间里,我陆续收到了九位家长发来的感想。有写亲子阅读方法、亲子阅读选材的,也有写亲子阅读促进自己和孩子成长的,还有写阅读环境选择的。总之,家长朋友们站在不同的角度,表达着不同的心声。

亲子阅读让我们一起成长

孩子的学校从上学期开始就要求家长和学校共同配合，帮助孩子养成阅读的习惯。记得一次家长会上，还有家长和大家一起分享培养孩子读书的经验和心得，寒假也要求孩子完成若干"亲子阅读卡"，安排了背诵《弟子规》的任务。应该说，这是一个非常好的想法，在学校和家长的共同努力下，孩子们如果能主动阅读，读有所思，思有所得，得有所记，那将是终身受益的好习惯。

当然，作为小学一年级的学生，在完成课堂学习、家庭作业的同时，家长们还会积极地为孩子报名参加名目繁多的兴趣班，这一切都会挤占孩子的阅读时间。特别是孩子还小，天性贪玩，在自控能力、自我约束能力都不强的情况下，家长和孩子一同阅读就很重要了。因此，家长再忙，每天也应该抽出一点时间，在安静的环境中，陪着孩子完成几页的阅读。在孩子能够主动读书后，家长可以在旁观察，最后过渡到不用家长陪读，孩子自己就能拿起自己喜欢的书，每天读上几页。这时，家长可以利用睡前的一小会儿时间让孩子把他读的内容讲出来。这样，既能检查孩子是否认真读了，还能顺带让孩子练习一下表达能力。只要孩子真正读到了感兴趣的东西，一定会记住，而且很乐意跟家长分享。

　　另外，选择合适的阅读材料也很重要。书店里的少儿图书五花八门，种类繁多，让人不知从何下手。而且每个孩子的家里都或多或少买了些书，但有些书过于浅显，有些书又超出了孩子的理解能力。其实，书不在多，关键是合适。上学期学校推荐的《今天真开心》和《学语文之友》就是不错的合适读物。当然，可能也有孩子不喜欢读这些，那么家长不妨带孩子去逛逛书店，让孩子选择自己感兴趣的书，但一次应只买一本，并让孩子保证读完，家长监督。

　　最后，家长也要为孩子做出表率。除了看电视和玩手机，如果让孩子每天能看到你手里有书、杂志或报纸，认真在读，其实就是最好的言传身教。家长当然也可以把自己读到的一些东西和孩子交流，让孩子感觉到你从阅读中获得了什么，感受到了什么，有什么想法。你的讲述其实就是在教孩子如何读，如何想，如何说。

　　总之，开卷有益。在这个很难"安静下来"的时代，让我们为了孩子，也为了自己，找点时间，静静地享受书香，享受和孩子一起的快乐阅读时光吧！

朱获霏爸爸

2018. 3. 11

毕坤熹一家亲子阅读感想

坤熹读了《弟子规》这本书变化挺大的，开始我也感觉这本书很枯燥，小孩理解古文比较难。后来我让她先读后面的故事，了解了故事的内容后再回头读、背就比较简单了。长期坚持下来，我渐渐发现了她的一些变化。

首先，坤熹学会了在日常生活中家做到孝敬父母，友爱兄弟姐妹，在一些言行中，要谨慎，要讲信用；和大家交往时要平等仁和，要时常亲近有仁德的人，向他学习。

其次，以前有事叫孩子的时候，孩子就像没有听见，总得喊个三五遍，才看见她慢吞吞地行动，还心不甘情不愿的。可现在我发现，只要长辈喊他，她会很快地答应，问她为什么这么快了，它会说："父母呼，应勿缓；父母命，行勿懒。"而且孩子还学会了感恩，知道关心长辈了。记得前不久孩子的外婆不小心摔了一个跟头，孩子知道后马上给外婆打了一个电话，问外婆有没有事，我在旁边听得很感动。

通过学习《弟子规》，坤熹懂得了基本的做人道理，学会了感恩，在思想品德方面也有了很大的进步，越来越懂事了。她已经在有意无意间把书中学到的知识用到了日常的生活中：原来只要别人关心自己就行了，现在懂得了要关心爸爸妈妈、妹妹、爷爷奶奶和周围的人。

今年的"三八"妇女节，还给妈妈送了礼物。对待她的妹妹，特别友爱。以前在家里什么事也不做，现在她会主动做一些力所能及的事，有时帮忙到超市买菜，整理自己的写字台。

通过《弟子规》的学习，我发现她长大了不少，也懂事了很多，感谢老师对孩子的教育。

毕坤熹妈妈
2018 年 3 月 10 日

廖语涵一家亲子阅读感想

　　我的女儿廖语涵从小就很乖巧懂事，让我很骄傲。从出生到幼儿园都一直生活在我们身边，到了读小学的年龄，由于各种原因要送回爷爷家，由爷爷带着她上学及生活。从最开始的担心和不舍，到现在的让我们无比放心，真的相当欣慰。平日里我们一周见面2次，回家的日子她总是显得无比兴奋，这反而让我的心情很复杂，一边是工作，一边是孩子需要的陪伴，所以我们在一起的时光我都尽量让她开心，也很珍惜！在紧张的学习之余我们也会抽空带她出去走一走，做到劳逸结合。

　　我认为咱们作业中的亲子阅读这一项特别有意义，既能培养家长和孩子之间的亲密度，也能让我们共同学习书中的知识。在上一学期中，我们一起阅读的是《乐观·自信》，这套书堪称全面贯彻国家素质教育、培养全面人才教育方针的典范，它采撷寓意深远的故事、清新隽永的美文，涵盖学生成长路上所需要的方方面面，鼓励他们勤奋进取、乐观自信、真诚善良，等等，把他们培养成知识丰富、能力出众、思维创新、素质优秀的全能人才。例如书中的故事之一：聪明的七星瓢虫，它的寓意就是告诫人们：遇到危险时千万别慌张，要冷静处理，有时可以利用自己的优势来化险为夷。这一类的故事还有很多很多，每读完一篇文章，我会先叫她给我讲解故事情节，然后我们一起讨论故事的寓意。虽然和孩子不能天天在一起，我们的亲子阅读时间也没有其他小朋友多，这一点我很遗憾，但是我会尽我最大的努力让我的孩子在快乐中学习，在快乐中成长。好的书籍会给我们带来无穷的影响，我们会将这个习惯一直坚持下去，因为这其中的变化是不可忽略的：说话会引用书中的词语和句子，会认识许多还没有学过的字，对今后的作文也会有很大的帮助……

在这里感谢所有的老师对廖语涵的教育和帮助，希望她的明天更加美好！最后引用她学过的一句话祝福我的女儿：百尺竿头，更进一步！

廖语涵妈妈

2018 年 3 月 10 日

痛并快乐的陪伴

断断续续地陪孩子阅读也有半年多了，说来惭愧，由于各种各样的原因，其实也并没有坚持每天都抽出时间和他一起阅读、分享。我和王泳豪妈妈都是教师，我在高校，他妈妈在中学。虽然我们都有接近 10 年的教龄，但对于教育自己的孩子，我们还完全是新手，有时甚至感到束手无策。我们自己也是语言教师，深知阅读是贯穿语言学习的核心要件，尤其是对初学者来说，更是至关重要。"读书破万卷，下笔如有神。"这句名言说明了一个简单的道理，语言输入决定着语言输出，只有博览群书、博闻强记，才能有过硬的写作水平。

由于她妈妈工作较忙，陪伴孩子阅读的任务主要由我完成。我在选取阅读材料时兼顾了古代汉语和现代汉语。古代汉语以国学经典为主：如《论语》《三字经》《幼学琼林》《弟子规》等。老师让寒假背《弟子规》，我觉得是一个很好的导向。我们 80 后这一代在蒙学阶段国学经典大量缺失，导致我们现在中文能力普遍有限。如今中小学教科书中加入大量古代汉语的内容，正是回归传统的明智之举。在辅导孩子阅读这些传统蒙学经典的时候，我的原则是以他自由记诵为主、讲解为辅。因为上面谈的一些道理对于六七岁的孩子来说还是过于艰涩，不易理解。但我坚信，只要他能记忆背诵，留下一些模糊印象就是一件好事情。在未来漫长的成长过程中，他一定会逐渐理解领悟这些文字背后的深意，受用终身。这种童子功训练对于奠定孩子的中文功底必不可少，我现在要做的就是和他一起背诵、一起交流，和孩子一同成长。在现代汉语方面，我主要是以孩子订阅的《学语文之友》和那本同龄小朋友写的《今天真开心》为主，因为我觉得这些读物更贴近孩子实际，孩子读来可能更感兴趣。

语言学习是个终身过程，阅读会贯穿我们的一生。所以我希望我们能从一年级开始，陪着孩子，逐渐培养他爱读书的习惯，这对他未来的学习和生活都至关重要。以上就是我陪孩子阅读一个学期以来的一些点滴感受，如果用一句话总结，就是：痛并快乐着。

王泳豪爸爸

高紫绮家长关于亲子阅读的感言

　　高紫绮于 2017 年 9 月就读于东原香山实验小学，从孩子上小学开始，我们的亲子阅读时间便开始了。在与孩子一起阅读的过程中，通过一些小故事让她知道什么是对、什么是错，什么事情该做、什么事情坚决不能做。记得我们在读《弟子规》时，有几句写道："父母呼，应勿缓；父母命，行勿懒；父母教，须敬听；父母责，须顺承。"在给她解释完句中的意思后，她意识到平时有些做法不对，不应该对长辈大呼小叫的，要尊敬孝顺长辈。

　　通过和孩子一起看、读、说后，才发现有时自己的成人思维很不适合孩子。在我们认为很简单的道理，或者很简单的知识，孩子却要一遍一遍地询问，有时问得我们大人觉得心烦，但是反过来想想我们小时候的样子，才发现现在的孩子已经比我们小时候厉害多了，有时候我讲错了，她还会纠正。慢慢地我发现，跟孩子一起学习，我们也增长了许多知识。我从刚开始时为了完成任务，到喜欢上了陪她一起阅读的时间，她也从刚开始的一说读书就哭到现在自己主动拿出书本大声地朗读。

　　经过一学期的陪读，我觉得亲子阅读的好处有：1. 开阔了孩子的视野；2. 开发了孩子的智力；3. 培养了孩子的读书兴趣。古语云："书中自有颜如玉，书中自有黄金屋。"希望通过亲子阅读她能养成读书的好习惯，沿着由书籍构成的阶梯，学做人，学做事，希望自己与孩子在亲子共读的道路上一起成长！

陪孩子读《弟子规》有感

《弟子规》是中华传统的瑰宝，凝聚着儒家千年处世哲学与生存智慧。它就好比是一杯香茗，品过之后，在周围的都是清新的感觉，让我领悟到了许多以前不曾在意的道理。在日常的生活中，给了我极大的帮助。

放寒假时，女儿拿着《弟子规》跑到我身边说："这段时间老师让我们背诵《弟子规》，我好像明白了些什么！那就是在平时的生活中，无论妈妈叫我干什么，我都要认真快速地完成；妈妈身体不舒服的时候我去照顾妈妈，家里的活我要跟妈妈一块去干，等等。总之，我要做个懂事、乖巧、礼貌的好孩子！"望着女儿天真可爱的笑脸，既令人欣慰又感到心酸。欣慰的是通过短暂的小学生活，孩子懂事了许多；心酸的是通过教女儿《弟子规》第一章的学习，感觉自己对父母及亲人付出得太少，做得太少。

在陪孩子背诵《弟子规》时，女儿读到"父母教，须敬听；父母责，须顺承"的时候，我想到了自己，在我们这些上有老下有小的人群中，我们常常以要工作或者工作忙的名义，让父母帮我们带大了孩子，时时刻刻在父母那里充当时下流行的"啃老族"，可我们又为父母做了些什么呢？读到"父母呼，应勿缓；

父母命，行勿懒；父母教，须敬听；父母责，须顺承"的时候，想想父母这一辈子真的很不容易。当我还是儿童时，我的父母每天要辛苦地工作，下班回来还要照顾我们和他们的父母。以前冬天天气非常寒冷，每天早上我们还在温暖的被窝里做着美梦时，母亲就已经早早起来开始她忙碌的一天了。等我们长大后，母亲已退休在家，本应好好在家享乐，却又为我们的下一代付出，父母为我们任劳任怨、无怨无悔地付出了这么多，而我们总是以工作忙、工作压力大等为借口对父母尽孝很少，有时甚至还不如一个七岁的孩子做得多、做得好。

熊烽羽妈妈

2018 年 3 月 15 日

儿子，许你个山清水秀的园地

每一次参加迪哲的家长会，对我思想的震撼都特别大。听着家长们分享的亲子阅读体会我自我反省，在儿子成长的路上，除了照料饮食起居，我做了什么，还能做什么。因为要照顾弟弟，读书时间不够，我会选择听书，在"喜马拉雅"上听相关的教育讲座。倾听然后思考，思路逐渐清晰起来。亲子阅读，只是一种形式，本质是陪伴，是关爱，是为了更好地分离，让孩子在未来的路上独自走得更稳健。我要给儿子的，是一个山清水秀的园地。

一直以来，我以为父亲是山，高大、沉稳、坚毅；母亲是水，温柔、恬静、坚韧。父亲、母亲、儿子们，我们共同组成一个山清水秀的园地，不奢华，但舒适，可以让我们每一个人回归自我，呼吸清新的空气，活力满满地迎接每一个朝阳。

因为工作关系，我会接触很多人，看很多人的人生轨迹。我欣赏开阔的思维、缜密的逻辑、积极向上的人生态度、幽默风趣的性格特质，所以我努力让自己和迪哲往这个方向发展，希望迪哲的眼睛中永远闪烁着清澈、明亮和希望。我特别喜欢吉卜林的《如果》这首诗，常常以此勉励我自己和儿子：

如果在众人六神无主之时，你镇定自若而不是人云亦云；

如果被众人猜忌怀疑时，你能自信如常而不去枉加辩论；

如果你能等待而不失耐心，被恨，但不向仇恨妥协，听到谎言而不至受骗，不需要用外表来伪装，也不用聪明的语言来修饰自己；

如果你有梦想，又能不迷失自我，如果你有神思，又不至于走火入魔；

如果在成功之中能不忘形于色，而在灾难之后也勇于咀嚼苦果；

如果你敢于说出事实真相，尽管歪曲的事实已被大家相信；

如果看到自己追求的美好破灭为一摊零碎的瓦砾，也不说放弃；

如果你辛苦劳作，已是功成名就，为了新目标，你依旧冒险一搏，哪怕功名成乌有；

如果长期的，极尽全力的努力没有结果，而你仍能听到"坚持"的心声，永不放弃；

如果你跟村夫交谈而不变谦恭之态，和王侯散步而不露谄媚之颜；

如果他人的爱情左右不了你，如果你与任何人为伍都能卓然独立；

如果昏惑的骚扰动摇不了你的意志，你能等自己平心静气再做答时……那么，你的修养就会如天地般博大，而你就是个真正的男子汉了，我的儿子！

阅读，是我们生活中重要的组成部分；亲子阅读，是我们情感交流的重要组成部分。我推崇不露痕迹、润物细无声的亲子阅读。在迪哲上幼儿园的时候，我们新装修了房子，虽然房子不那么大，但是我说，我一定要有个书房，要最好的阳光、最好的空气、最好的风景。家人都同意将客厅外的大阳台改装成书房。迪哲小时候就喜欢在这个阳光书房玩，因为要上班，而且生了弟弟，我没有太多的时间陪迪哲看书，更多的时候我们是自己看自己的书，迪哲可以看任何喜欢的书。突然有一天，我发现迪哲已经认识了很多字，我觉得惊讶。

一年级上学期迪哲在学习拼音，我们没有那么多时间一起看书。下学期，家庭作业的时间减少，在淳老师的鼓励下，阅读成为每天必做的家庭作业。这对我们是享受，我们可以在阅读中增进感情、共同进步。我们会一起背《弟子规》，在背不出来卡壳时相互做鬼脸；谁先背出来时会给对方一个兴奋的击掌；在用视频检测是否背得准确时，看着视频中背诵的我们的傻样傻笑……我们会经常到方所、西西弗书店、渝北图书馆等地方安静地看书，分享我们看到的有趣的故事。迪哲喜欢军事、科技类的图书，也喜欢听幽默的小说。听《长袜子皮皮》《水孩子》等书时，听到幽默的地方会笑得喘不过气来。看着他那么畅快地笑，我也会欣慰地笑，他看我笑就笑得更欢，房间里飘荡着我们的笑声……

为了教育儿子，我会留意书中的内容，我相信故事的感召力。对于学习粗心的事情，我在他刚上小学时，就对他讲苏联宇航员的故事，因为打错一个小数点，这个宇航员永远消失在宇宙中。

1967年8月23日，苏联的"联盟一号"宇宙飞船在返回大气层时，突然发生了恶性事故——减速降落伞无法打开。苏联中央领导研究后决定：向全国实况转播这次事故。当电视台的播音员用沉重的语调宣布，宇宙飞船两个小时后将坠毁，观众将目睹宇航员科马洛夫殉难的消息后，举国上下顿时被震惊了，人们沉浸在巨大的悲痛之中。

在电视屏幕上，观众看到了宇航员科马洛夫镇定自若的形象，他面带微笑地对母亲说："妈妈，您的图像我在这里看得清清楚楚，包括您头上的每根白发，您能看清我吗？""能，能看清楚。儿啊，妈妈一切都很好，你放心吧！"这时，科马洛夫的女儿也出现在电视屏幕上，她只有12岁。科马洛夫说："女儿，你不要哭。""我不哭……"女儿已泣不成声，但她强忍悲痛说，"爸爸，您是苏联英雄，我想告诉您，英雄的女儿会像英雄那样生活的！"科马洛夫叮嘱女儿说："学习时，要认真对待每一个小数点。'联盟一号'今天发生的一切，就是因为地面检查时忽略了一个小数点……"

时间一分一秒地过去，距离宇宙飞船坠毁只有7分钟了，科马洛夫向全国的电视观众挥挥手说："同胞们，请允许我在这茫茫的太空中与你们告别。"

这是一次惊心动魄的告别仪式。它警示着我们，不能有丝毫的马虎，否则，会付出永远无法弥补的代价。

儿子竟然记得这个故事。前几天他对我说，妈妈，你好厉害呀。我说为什么啊？他说他在其他地方听到了这个宇航员的故事。这对我是激励，激励我多看书，多和儿子分享读书的感悟。

未来很长，教育是永远的修行，我不知道，迪哲会长成什么样的男子汉，会从事什么样的职业，但我希望他在山清水秀的地方健康苗壮成长。在多年以后，回想起那些日子，仍然能闻到那些香气：饭菜香、花香、书香，仍然会笑、会思念、会缅怀……

迪哲妈妈

2018 年 3 月 19 日

种下阅读的果实，收获快乐的成长

——蒲怡中妈妈亲子阅读收获

春天来了，

大地回春、万物复苏。

它总给人以希望，

新的开始、新的收获。

亲子阅读活动在这美丽的春天又让蒲怡中收获了什么呢？

2018 年的春天，蒲怡中刚满七岁，上一年级了。一年级的孩子可以看文字加拼音的书，可她最感兴趣的还是看动画片。各类书籍里，只有漫画书可以让她感到快乐。为她买了很多书，甚至趁着她喜欢，在书店买了原价书，大多数的书她瞄了一阵，就束之高阁。三月份的重庆，气温宜人，桃花、海棠花、李花争相开放，蒲怡中好吃、好玩、好动，喜欢让她开心的事和人。比起窗外的风景，读书就跟让她弹钢琴一样，三分钟热度后根本坐不住。

亲子阅读活动，从一年级上期开始一直持续到现在，有差不多半年时间，但是每天用 15~30 分钟真正地给孩子读绘本，作为家长的我恐怕只有几天，为数不多的几天还是因为要完成亲子阅读卡的"任务"。回想一下，我自己也有买书不看的习惯，一直到现在购买 kindle 后还是会买纸质的书。大多数时候是对着电脑工作，对着手机看朋友圈，通常认为自己工作忙碌，书买回来很少去读。

在教育的迷茫期，我想自己作为母亲，得给孩子做一个好榜样。在很多次不作为和懒惰后，我开始思考自己应该在阅读中扮演的角色。首先，我发现亲子阅读是一个有意义的主题，要让它变得好玩，势必要有很棒的老师和家长去引领，才会达到事半功倍的效果，孩子们的参与才不会流于形式，而是可以更加投入认真地去玩，去学习，提升自己。其次，我还发现了亲子阅读的原则，尽量选择她感兴趣的书，或营造一种她感兴趣的氛围，让她在阅读中感受到快乐，慢慢培养阅读兴趣，给予一定的鼓励和赞美，不要强加给她一些东西以至于扼杀了她阅读的兴趣！与其命令让她何时何地该读什么书，不如让自己成为她的大朋友，让她在生活中感受阅读，或在阅读的基础上，带她走出去，让她像喜欢玩一样喜欢读书。

第一步，作为妈妈的大朋友应该喜欢上阅读。在一般人的观念里，儿童就是小孩子，"我们大人如何如何，你们小孩如何如何"，这样的心态，使得大人一直高高在上地从自己的角度去看孩子，试着去了解孩子，然而很多时候即无法真正进入孩子的心灵世界。的确，成长意味着转变，从不知道到知道，从不懂到懂，我们每天都经历变化的旅程，但是不管一个人再怎么长大，怎么成熟，不论世事多变，当读到儿童书籍，就像回到一片青草地，可以享受小时候没能看到的好看的儿童故事，再过一次童年生活，滋养心灵，跟孩子一起享受故事。

第二步，积极去读，耐心地观察与等待。孩子是张白纸，你怎么画他们就会怎么做，要把小孩天马行空的探索和汲取精神食粮的营养结合在一起，所以不同形式的亲子阅读是有必要的。它可以启迪孩子对亲情的感恩与爱，孩子们其实才是最知道如何爱的最单纯的小天使。我和女儿一起阅读《米小圈上学记》和《今天真开心》。读了一个故事，女儿说"继续、继续，再读一个"，读了几个故事，女儿仍觉得有趣，说："再讲一个，最后讲一个，最后只听一个就可以让你不讲了。"讲完后没有太大反应。可是在前一段时间，一家人外出玩的路上，女儿很主动很开心地编了一个淘淘上小学的故事。这种进步让我发现阅读带来了惊喜，孩子在语言积累上很快有了提高，而且有时还会用成语"口是心非"来形容某一件事，认识的字也越来越多，自己会去分辨对与错。生活中这样的点点滴滴很多，阅读能给孩子带来愉悦感，孩子的语言发展及对文字的理解能力、运用语言的能力都是提高很快的。另外，好的读物，能丰富孩子的心灵，扩展孩子的视野。

第三步，孩子的阅读时间不能只限于家里和学校里。春节假期带上一本书，或周末时逛书店都是个不错的选择。有天晚上吃完晚饭，我让她带着《第一本环球旅行书》和飞机玩具到小区草地玩，她看了会书，开始玩飞机。碰到她同班同学原瑞含就一起看书，一起玩，我拍了照片放在QQ群里，觉得很有成就感，原来阅读和生活是可以结合得很完美的。

作为家长的我，能有这些收获，还要衷心感谢学校、老师用心良苦地开展这样的"亲子阅读"活动，你们不只给予了孩子们关爱，而且为我们家长学习教育孩子的知识搭建了平台。在学校，老师们倾注了大量的心血，付出了辛勤的劳动；但仅仅靠学校是远远不够的，还需要我们做家长的给予大量、积极的配合。我希望通过我们的努力能让孩子有一个良好的阅读习惯。

最后，愿孩子们在"人之初"阅读有所收获，从而塑造自己良好的人格。生活不只是衣食住行，还有诗和远方。爱上阅读，是他们快乐成长的第一步。孩子们的每一次进步，都是我们共同的成长！

学文，力行，知行合一

——《读弟子规》有感

工作多年已很久不写作文了，很多时候心里的想法可能一会儿就忘了。因为工作的原因，也没有习惯把它记录下来。这次与孩子一起读《弟子规》，还真要谢谢老师。若多年后，当孩子有幸翻开此页，看见我与他一起成长的经过，他也会学着陪伴，加上一点对我当时的想念，或者给我一个吻，我就十分满足了。

他聪明、乖巧又爱发呆，想法常常飞入太空，很多时候又爱跟我"求情"。譬如玩得很累了，就跟我说："妈妈，今天《弟子规》就不背了，但要听故事！"看着他可怜巴巴的眼神，我只得答应，让他睡觉。常常这样，以至于寒假定的背诵计划迟迟没有完成，仅学到第三篇《谨》，背到第二篇《出则弟》。我知道这样的妈妈该挨板子。正所谓"严师出高徒"，如此放松管教该如何是好！但是，我保证，孩子在学的过程中还是十分踏实的。他对背过的句子都深谙其道理，我仔仔细细地跟他分析讲解过，也常常用圣人训来告诫、纠正他的言行。

以前别人跟他说话很多时候他都像没有听见一样，半天不答应。自从学了《弟子规》，在我们叫他时会迅速地给我们回应。我问他现在为什么答应得那么快，他笑呵呵地露出缺了的牙齿跟我说："父母呼，应勿缓；父母命，行勿懒。"

每天晚上，他还会给我和他爸爸接洗脚水，懂得孝顺，是个心地善良的好孩子。不管怎样，开篇的第一句一定让他一辈子都牢记——弟子规，圣人训。首孝弟，次谨信。泛爱众，而亲仁。有余力，则学文。

《弟子规》在一点点潜移默化地改变着孩子的行为规范，也在影响着我们。使孩子知书达理，真正修成一个有气质的人。毕竟"胸藏文墨怀若谷，腹有诗书气自华"，才能真正做到知行合一，学以致用。

在此，作为妈妈，郑重地承诺：一年级下学期，一定督促其背完《弟子规》全书。

陈耀生妈妈
2018 年 3 月 11 日

《孙悟空打妖怪》教学实录

——和大人一起读

教学目标

1. 指导家长和孩子构建双向互动的阅读方式，帮助家长和孩子建立和谐的亲子关系。

2. 指导家长和孩子亲子阅读的策略，引导学生把课上学到的好的阅读方法传递给家长。

3. 渗透中华民族的优秀传统文化，传承、弘扬中华民族的语言文化。

教学策略

多种方式朗读、分享阅读内容、创编儿歌、表演亲子剧。

教学重点

指导家长和孩子亲子阅读的策略，引导学生把课上学到的好的阅读方法传递给家长。

教学难点

引导学生把课上学到的好的阅读方法传递给家长，指导学生与家长亲子共读。

教学准备

亲子剧编排、亲子阅读卡收集、PPT 制作。

（一）谈话引题，摸清学情

师：孩子们，今天老师特别开心，因为看到家长那么关心你们，很多爸爸妈妈都是请假来陪你们上课的。你们开心吗？那跟老师一起用最热烈的掌声欢迎我们身边的亲人。

师：今天除了家长，还有一位神秘嘉宾也来到了我们的课堂，他还为我们带来了神秘的礼物，我们表现好了就能得到他的礼物。想知道他是谁吗？我们一起来看视频《猴哥》。孩子们知道这位嘉宾是谁了吗？（孙悟空）

师：你知道这位神秘嘉宾有哪些特别的本领吗？

（七十二变、有辨别人和妖的火眼金睛）

师：今天我们就和爸爸妈妈一起来学一首与孙悟空相关的儿歌——《孙悟空打妖怪》。

师：平时你们在家是怎么和家长一起朗读的呢？

（家长读我听　我读家长听）（分段分句读）（分角色表演读）

师：看来孩子们和家长在家阅读的方法还真不少。今天咱们就再和家长一起读，看看我们还能读出哪些新方法，新感觉。

（二）初读儿歌，交流读法

师：用你喜欢的一种方式跟家长一起自读儿歌一遍。

要求：1.（1）借助拼音，将字音读正确。

（2）数清楚儿歌一共几句话，并标明。

2. 老师评价刚才的亲子合作阅读，抽生回答一共有几句话。

3. 接下来请家长读给孩子听，请孩子们数清楚儿歌中出现了几个人。

（三）再读儿歌，体会节奏

1. 师：你们在读儿歌时我发现儿歌有很强的节奏感，很适合打着节拍来读。我们以前都用过哪些方法打节拍呢？

（拍手、踏地、拍桌子等）

2. 师：现在我们各个小组快速地选择一种打节奏的方式练习
一次。哪个小组愿意把你们的配合展示给大家？抽小
组汇报。

3. 师：刚才我们这个小组配合得很默契，现在老师让家长打
节奏，孩子们来看，希望大家配合得更默契。

4. 发现规律——连锁调

师：孩子们在读儿歌时，你们发现上一句的结尾和下一句的
开头有什么特点呢？结尾词与开头词变颜色。

（家长解答连锁调）

师：了解了儿歌这个新特点以后，我们再开火车来读儿歌，
体会这种首尾相接、环环相扣的感觉。

5. 体会连锁调这种形式在生活中的应用。（《做习题》和
《动物好朋友》）

6. 表演亲子剧《三打白骨精》

师：我们今天分享了很多读书方法，以后呢我们也要多交
流、多分享读书的方式方法，这样才能让我们体会到
读书的乐趣。上课之前我们班的赖欣苒和补迪哲小朋
友报名，给大家表演《孙悟空打妖怪》的一个亲子
剧故事。同学们想看吗？那我们用热烈的掌声欢迎这
两个家庭。

（观看提示：1. 仔细看，认真听。2. 看完以后猜出故事
名字。）

师：故事表演得精彩吗？那送上我们最热烈的掌声吧，感谢
这两个家庭为我们带来的精彩表演，让我们看到了孙悟
空的本领。

（四）质疑儿歌，拓展文本

1. 师：唐僧八戒真糊涂，是人是妖分不清。

   设问：当老妖婆化身村姑，带来食物时，猪八戒说：

   "＿＿＿＿＿＿＿＿＿＿＿＿＿＿＿。"

   当孙悟空一棒打"死"老妖婆时，唐僧说：

   "＿＿＿＿＿＿＿＿＿＿＿＿＿＿＿。"

2. 师：多亏悟空眼睛亮，分清人和妖，让师父得救。

   这"眼睛亮"是怎么回事啊？

   生：大闹天宫，练出了一双火眼金睛。从此，孙悟空能识别妖魔鬼怪。

3. 师：孙悟空虽然有火眼金睛，但平时冒金光吗？（不冒）

   这时候他的眼睛为什么冒金光了？（看见妖怪了）

   他心里怎么想？（打妖怪保护师父）

3. 师：所以他高高举起金箍棒。谁知道金箍棒有多重？

   （一万三千五百斤）

   谁知道这金箍棒是怎么来的？

   生：这金箍棒——有力量：这金箍棒是大禹治水时留下的定
      海神珍铁，是东海的镇海之宝。孙悟空在龙宫舞动时，
      整个龙宫都翻江倒海。

   引导齐读：这便是"金箍棒——有力量！妖魔鬼怪消灭光"。

（五）晒亲子卡，拓展延伸

1. 上个周末老师给同学们留了一个读书的作业，鼓励大家跟家长一起读《西游记》中的精彩故事，做亲子阅读卡。

2. 老师通过这一张张亲子阅读卡，了解到我们班同学读了不少《西游记》中的故事。

3. 《西游记》是我国的四大名著之一，书中有很多精彩的故事，有各种各样性格的故事书，我们还可以跟家长一起去读这部经典的连环画或者注音版，跟老师、同学分享这些有趣的故事。

（六）展示亲子阅读照片，升华情感

1. 老师看着亲子阅读照片总结：

亲子阅读活动在我们班从未间断，

阅读给我们带来了数不尽的快乐，

阅读让我们感受到无穷无尽的乐趣，

爸爸妈妈把我们带进了知识的海洋，

也给我们留下了一个个幸福温馨的瞬间。

孩子们，请伸出你的手，握紧爸爸妈妈的手，跟老师一起说：

谢谢您，亲爱的爸爸妈妈！

谢谢您的陪伴，谢谢您的关怀！

我会努力成为更好的自己！

也祝愿您成为更好的自己！

2. 家长回赠孩子心里话

公 开 课

东原香山实验小学一（二）班　朱荻霏

4 月 14 日　　周六　雨

　　昨天，我和同学、老师、家长们一起上了一次公开课。内
róng 吗就是《孙悟空打妖怪》。真的非常有趣，我感觉就和《西
游记》里的孙悟空一样，跟着唐僧、猪八戒、沙和尚一起走 biàn
了全世界。孙悟空的金箍棒有一万三千五百斤，可能有人会问
了："那么 zhòng 的棒子，孙悟空拿得起来吗？"当然可以，因为
金箍棒能变成小小的，就放到悟空的耳朵里。好啦，说了这么
多，你也 lèi 了吧。如果你想了解更多《西游记》的故事，就和
我一起上一次公开课吧！

　　家长的话：孩子和家长一起上公开课是很好的教学形式。孩
子的这个写话只写了她最感兴趣的部分——金箍棒能变大变小。
其实，公开课上还有很多值得回味的细节，比如老师讲到：唐僧
师徒四人历经九九八十一难，不畏艰险，取得真经。比如，孙悟
空三打白骨精受到师父的责备，最后证明孙悟空是对的，唐僧误
解他。这些道理可能孩子太小，还无法理解，只会对孙悟空七十
二变、腾云驾雾、打死妖魔鬼怪感兴趣。家长认为，这些都是老

师在公开课上讲到的，但孩子的注意力已分散，这些内容至少没有体现在朱荻霏同学的写话上。不过，老师对这个儿歌的总结，以及课本上让孩子模仿连锁调写话，还是很成功的。

特别的一课

东原香山实验小学一（二）班　杨苏焕

　　星期五第一节课，我和妈妈参加了一年级二班的"亲子阅读"课。我们共分成八组，我在第四组。上课铃声一响，淳老师就叫大家齐读《孙悟空打妖怪》这篇文章。读完后，老师还问大家阅读有哪几种方式。同学们都抢着回答老师的提问，说有分角色朗读、你读我听、我读你听等。这篇课文里面的人物有唐僧、孙悟空、猪八戒、沙和尚、老妖婆。我最喜欢的是孙悟空，我觉得他神通广大，有一双火眼金睛能识别妖怪，很厉害。课中，我们观看了《三打白骨精》的亲子剧表演，同学们一个个看得入神，高兴极了，还观看了其他同学与父母的亲子阅读照片。这节课真是太有意义了，我也想参加这样的表演。

　　家长点评：参加这样的公开课，能激发孩子学习的兴趣；特别是自觉参与阅读的乐趣，让他有一种想去表演的欲望，想亲自参与其中。这堂课让孩子受益匪浅，也让家长感同身受，教育孩子，家校共行。

开心的语文公开课

东原香山实验小学一（二）班　补迪哲

今天，淳老师带我们上公开课，我非常开心。我们回答了一会儿问题就看孙悟空打妖怪的故事。啊，今天真是美好的一天呀！我还拿到了一个孙悟空的面具！今天真是太好玩了！

家长点评：第一次和孩子一起上公开课，课堂生动有趣，寓教于乐，孩子觉得很兴奋。我们还和孩子一起表演了"三打白骨精"的故事，通过对故事人物个性的揣摩和演出，加深了对故事的理解，增进了亲子感情，留下了非常美好的回忆！

有趣的公开课日

东原香山实验小学一（二）班　蒲怡中

4 月 13 日　雨　星期五

"丁零零……"上课铃响了。今天是淳老师上公开课《孙悟空打妖怪》，我们的爸爸和妈妈也来上这节课，好热闹呀！

我最喜欢淳老师讲课了。今天，讲的课有点儿特别呢！别开生面的游戏，各种各样的朗读，让我开开心心地爱上语文！

家长评语：课堂上淳老师发明了拍手、踏脚、分组连读等不同方式，引导孩子和家长有节奏地朗读，体会儿歌的韵律美和节奏感。整堂课生动有趣，让人意犹未尽。

孩子能够在日记里总结提炼对一堂课的体会，作为家长很欣慰，同时也能够感受到孩子在老师的帮助下一天天成长，热爱学习。希望孩子继续努力，开心学习。

和妈妈一起上亲子阅读课

东原香山实验小学一（二）班　黄泓杰

今天我跟妈妈在学校上了一节非常有意义的亲子阅读课，可是妈妈是最后一个到的。淳老师还给我们播放了一个惊喜小视频，名字叫"三打白骨精"。里面演得很搞笑，演得最搞笑的是补丁，因为补丁在这个视频里扮演的角色是孙悟空，但是我觉得他应该叫"胖悟空"。补丁的爸爸扮演的是沙和尚，妈妈演的是老妖婆。而赖欣苒扮演的角色是白骨精，她妈妈演的是唐僧，她爸爸演的是猪八戒。

他们六个人演得太像了，看得我们大家都哈哈大笑，这一天我非常开心！

妈妈点评：很棒的一次亲子阅读课，我看到了孩子们听得非常认真，课堂上也积极举手回答老师提出的问题。而且还插入了对故事人物的扮演，让孩子们懂得了原来阅读这么有意义、有创新，从而爱上了阅读，喜欢阅读。读得开心也就写得开心，心情好了，写作内容自然也就丰富多彩了！

开心一课

东原香山实验小学一（二）班　赖欣苒

星期五，淳老师给我们上了一节很有趣的公开课。我非常喜欢这节课！

淳老师给我们讲的是语文课本第一百页上面的文章《孙悟空打妖怪》。首先，老师让我们和爸爸妈妈一起用拍手或者跺脚的方式来打节奏读。然后，老师邀请郎一妈妈给我们讲解了什么是连锁调。接着，老师放了《三打白骨精》的视频，演员有我和我的爸爸妈妈，还有补迪哲和他的爸爸妈妈。老师和我们都很开心！

爸爸妈妈的话：这是我们第一次配合老师完成公开课。老师生动有趣的讲解及环环相扣的引导，让家长和孩子们皆乐在其中，而爸爸妈妈们第一次为艺术"献身"的经历更是让人难忘！

2018 年 4 月 13 日　星期五　雨

妈妈早上第一节课就来到了学校陪我上亲子阅读课，课上我们一起学了《孙悟空打妖怪》。我们读儿歌的方式很多，我和同学们都很开心。补迪哲和赖欣苒两家表演的亲子剧很好看。我和妈妈都很开心。爸爸说我们一家人要谢谢老师，因为老师准备这节课会很辛苦。

一年级二班　徐组钦

开心的一节课

东原香山实验小学一年级二班　孔佳林

今天，老师给我们上了一堂亲子课。我的妈妈也被老师邀请去参加了亲子课。

今天老师给我们讲的是《孙悟空打妖怪》。我们被老师分成8个组。学习过程中有八个组开火车读，老师说：一组读第一句，二组读第二句……这样一组一句地读，我们读得都很开心。

最后，老师带领我们一起说：感谢爸爸妈妈的陪伴，我爱爸爸妈妈，我要做一个善良、诚实的好孩子。今天我太开心了。

2018 年 4 月 13 日　星期五　雨

今天，我听说要上语文教研课，非常开心、兴奋！今天语文教研课讲的是《孙悟空打妖怪》。当我在读的时候，我觉得非常有意义。大人们也像小孩一样，蹦蹦跳跳，教室里充满了童真！发奖的时候到了，赖欣莳妈妈说："第一个"如意紧箍咒"给朱荻霏，她的表现是大家有目共睹的。"那第二个"如意紧箍咒"给谁呢？我哥哥大声地说："给岑钰岩吧！"能够得到阿姨的肯定，我非常高兴！今天真开心。

家长点评：这是一个好的开始，孩子才进入最初的语文写话阶段，语言虽然简短，但能把事情叙述清楚，我还是给予宝贝肯定！

东原香山实验小学一年级二班　岑钰岩

和妈妈一起上公开课

东原香山实验小学一年级二班　陈芷涵

今天，我和妈妈一起上公开课。我先说开心的事儿，我第一次和妈妈一起上课，其实还有点不好意思，但是我很喜欢。课上同学们表演了亲子剧《孙悟空三打白骨精》，我觉得有点搞笑，但是我想给她们鼓掌，因为她们演得实在太好了。赖欣苒妈妈演的师父唐僧，还有赖欣苒演的白骨精太好了。现在我来说说难过的事儿，我好希望妈妈能留下来上第二节课，可是妈妈不能再留下来了，因为她是老师，她的学生还等着她呢，我只好回教室了。今天过得太开心了。

2018 年 4 月 13 日　星期五　雨

星期五上的语文课很有趣，因为有家长和我们一起上课。我们学生坐在前面，大人都坐在后面。他们还和我们一起举手回答老师的问题，而且很积极。

后来，老师让我们看了亲子剧《孙悟空打妖怪》：一个小孩当孙悟空，一个小孩当白骨精，四个大人分别当唐僧、猪八戒、沙和尚和老妖婆，他们演得很好，很投入，逗得我们哈哈大笑。这节课真是太有趣了！

东原香山实验小学一年级二班　江承轩

2018 年 4 月 13 日　星期五　雨

今天，我们在四楼上了语文亲子阅读课，题目是"孙悟空打妖怪"。因为我都会背了所以非常熟悉。课堂上爸爸陪着我读儿歌，还举手回答了老师提出的问题。我今天真的很开心！

东原香山实验小学一年级二班　李詹佳乐

2018 年 4 月 13 日　星期五　雨

昨天，大姨第一节课就来到学校陪我和弟弟上亲子阅读课，我们一起学习了儿歌《孙悟空打妖怪》。在课堂上，老师教我们分句开火车读了，打节奏读，还看了两位同学和他爸爸妈妈一起表演的《三打白骨精》，很好看。大家都看得很认真，也很开心。谢谢老师给我们上了这么特别的一堂课，我还想上这样的课。

一年级二班　温淇婷

陪伴促进成长

——2018 年春期教研工作交流

本学期，我们教研组本着"以读促说，以读促写"的教育教学思想，以新课程理念为指导，继续以"亲子阅读促进语文素养的提升"为年段研究主题，围绕教导处的工作任务，全体语文老师们兢兢业业地工作着，扎扎实实地完成各项工作。现将一学期工作从四个方面与大家进行交流。

一、课堂研训，提升能力

"寸有所长，尺有所短。"只有多学习多交流才能取人之长，补己之短。对于外校的公开教学研讨活动和本校的公开课，我们组的老师都尽量调课去听。本学期，我们教研组开展集体备课，真正做到集老师们的智慧于一体。其中郑雪梅老师执教的《树和喜鹊》、石胜梅执教的《夜色》、石娟执教的《小公鸡和小鸭子》、陈成执教的《怎么都快乐》、淳安容执教的亲子阅读课《和大人一起读〈孙悟空打妖怪〉》分别呈现出了不同的亮点和特色。虽然我们这五节课还存在这样那样的不足，但都是集体智慧的结晶。我们在上课之前都会在组内说课 2~3 次，试说 2 次以上才呈现出来。在准备教研课上，我们感受到了团结协作的乐趣，小组成员默契配合的魅力。在我准备亲子阅读课中特别感谢肖校长的指导和支持，让我有勇气和信心完成这样一种陌生的课型，呈现给学生家长，让我们的课题更深入地开展下去。感谢我的优秀家长郎一妈妈，香山好同事叶薇，她们的配合让我底气更足。

二、组内研讨，陪伴彼此

有句话说得好——一个人可以走得很快，但一群人往往走得更远。本学期我们一年级教研组紧紧围绕教导处和自己年级制订的工作目标，在期初每位教师切实制订好本学科教学计划，合理安排教学进度，扎扎实实学习《新课程标准》，积极主动参加统编教材的各种培训。利用课余时间积极交流教学心得，共享教学资源，形成了良好的互助互学的教研氛围，做同伴成长路上的陪伴者。

三、整合资源，促进成长

本学期我们低年级教研活动的一个重心就是要完成课题的开题，推进研讨深度。邹主任多方协调、人员调度，徐桂琼老师多角度做资料收集，陈主席和李尚玉老师毫无保留地无私援助，让我们的开题报告有了雏形。肖校长和左校长的亲自修改，让我们的课题完成了开题。我们1.2班的家长代表赖欣莳妈妈、王泳豪爸爸分别就《亲子阅读习惯的培养》《亲子阅读内容的选择》在班级家长会上做了报告，家长代表朱获霏爸爸在年级家长会上做了《亲子阅读让我们一起成长》的专题讲座，低段各班的积极参与都给我们的开题奠定了坚实的基础。我希望课题"亲子阅读促进语文素养的提升"能扎扎实实地开展，让每一个家庭和老师都受益，让书香班级和书香家庭陪伴我们成长；让我们的学生11年后面对高考能轻松地说："得阅读者得语文，得语文者得高考。"20年、30年、40年后我们的学生能幸福地说："懂阅读者得自由，懂阅读者得幸福。"

四、培优补差，共同进步

我们认识到要想提高教学质量，培优补差工作至关重要。每个班中总有一些优等生和后进生。只有把优等生培养好了，班中才有榜样；也只有把差生的转化工作做好，才能提高优秀率，并为营造一个良好的班集体氛围扫清障碍，利于班级良好学风的形成。"抓两头，扶中间"是我们的工作方针。因此，在平时的课余时间，总能看到我们年段老师在教室里给后进生耐心辅导的忙碌身影，努力让他们在原有的认知水平上有所提高。而在平时的家庭作业布置上，注重作业形式的趣味性、易操作性，多布置一些弹性作业，不束缚优生的发展空间，努力让他们的学习潜力得到更大程度的开发。

附：好书推荐——《朗读手册》，读了这本书对陪伴子女和学生成长会多一些视角和思考。

东原香山实验小学 1.2 班已看图书统计表及暑假推荐书目

序号	书名	作者	看书时间	亲子共读 A 独自读 B	推荐人
1	《今天真开心》	孔涵璋	2018.1－3	A	
2	《揭秘海洋》	凯特·戴维斯	2018.1－3	A	
3	《揭秘恐龙》	埃里克斯·弗利斯	2018.1－3	A	
4	《揭秘美术》	萝西·狄金丝	2018.1－3	A	
5	《十万个为什么——生活篇》	向琴	2018.1－3	B	
6	《十万个为什么——植物篇》	向琴	2018.1－3	B	
7	《了不起的狐狸爸爸》	罗尔德·达尔	2018.2－3	A	
8	《小猪唏哩呼噜》	孙幼军	2018.2－3	A	
9	《西游记》	吴承恩	2018.3－4	B	
10	《动物王国大揭秘》	龚勋	2018.1－5	A	朱荻霏
11	《小学生看图说话写话》	郑雯雯	2018.1－5	A	
12	《小学生好词好句好段》	郑雯雯	2018.1－5	A	
13	《小飞侠》	詹姆斯·巴里	2018.4－5	B	
14	《安全知识》		2018.1－5	A	
15	《我不怕打雷》	克里斯蒂昂	2018.4－5	B	
16	《密林探险》	桑德拉·诺阿	2018.6	B	
17	《野兽王国》	桑德拉·诺阿	2018.6	B	
18	《海洋世界》	布莱特·霍夫曼	2018.6	B	
19	《米小圈上学记——大自然小秘密》	北猫	2018.6	B	
20	《米小圈上学记——我是小学生》	北猫	2018.6	B	

续表

序号	书名	作者	看书时间	亲子共读A 独自读B	推荐人
21	《福尔摩斯探案选集》	柯南·道尔	晚上9:30	B	毕坤熹
22	《梦想是人生的翅膀》	胡媛媛	晚上9:30	B	
23	《办法总比困难多》		晚上9:30	B	
24	《等什么,马上就行动》		晚上9:30	B	
25	《成语故事》		晚上9:30	B	
26	《儿童百科全书》		晚上9:30	B	
27	《格林童话》	安徒生	晚上	A	赖欣苒
28	《我们的身体》	杨红樱	下午	A	
29	《今天真开心》	孔涵璋	下午	B	
30	《十万个为什么》		上午	A	
31	《小马宝莉》		晚上	A	
32	《西游记》	吴承恩	晚上	B	
33	《奥巴马传》	郑文阳	课外	A	补迪哲
34	《普京传》	郑文阳	课外	A	
35	《大国的崩溃》	沙希利·浦洛基	课外	A	
36	《斯皮尔伯格》	李洙正	课外	B	
37	《史蒂芬·霍金》	李洙正	课外	B	
38	《史蒂夫·乔布斯》	李洙正	课外	B	
39	《亚伯拉罕·林肯》	李洙正	课外	B	
40	《奥普拉·温弗瑞》	李洙正	课外	B	
41	《咚咚咣咣的骑士城堡》	安娜丽莎·萨马尔提诺	课外	B	
42	猎鹰	《美国漫威公司》	课外	B	
43	《揭秘汽车》	罗布·利奥伊奥·琼斯	课外	B	
44	《战机七视图》	罗伯特·杰克逊	课外	B	
45	《浩瀚宇宙大探秘》	伊恩·格雷厄姆	课外	B	
46	《寻梦环游记》	迪士尼公司	课外	B	
47	《飞行器的大秘密》	希尔维·贝萨尔	课外	B	

续表

序号	书名	作者	看书时间	亲子共读A 独自读B	推荐人
48	《美国小镇的一年·河岸小镇》	邦妮·盖泽特	课外	A	李詹嘉乐
49	《小象的大家庭》	迈克·库拉托	课外	A	
50	《你看起来很好吃》	宫西达也	课外	A	
51	《了不起的狐狸爸爸》	罗尔德·达尔	课外	A	
52	《是谁嗯嗯在我头上》	维尔纳·霍尔茨瓦特	课外	A	
53	《哪里不对劲》	拉尔夫·布奇科	课外	A	
54	《外婆的道歉信（部分）》	弗雷德里克·巴克曼	课外	A	
55	《红楼梦（部分）》	曹雪芹	课外	A	
56	《弟子规》		课外	A	
57	《少儿国学》		课外	A	
58	《小学生必备古诗词》		课外	A	
59	《论语》	孔子	2017起	A	王泳豪
60	《唐诗三百首》注音版	杨春丽编	2018起	A＋B	
61	《幼学琼林》	程登吉	2017起	A	
62	《今天真开心》	孔涵璋	2017起	B	
63	《弟子规》注音版	杨春丽编	2018起	A＋B	
64	《为了谁读书》注音版	杨春丽编	2018起	B	

序号	书名	作者	看书时间	亲子共读A 独自读B	推荐人
65	《北宋杨家将·连环画》	喻岳衡	2017.9	A	杨苏焕
66	《弟子规》	蜗牛房子	2017.11	A	
67	《世界大侦探之头脑风暴》	钱海水	2018.3	B	
68	《成语故事》	蜗牛房子	2018.4	A	

东原香山小学 2017 级 2 班
第一次家长会简讯

2017 年 10 月 13 日

　　这次家长会主题为"交流、理解、陪伴"。55 位家长认真聆听，让我们所有科任老师深受感动，更对未来充满信心，相信大家的配合会越来越默契。55 位孩子会更加幸福快乐地成长！

家长代表赖欣苒妈妈从理论到实践跟大家分享了亲子阅读的意义和方法，向大家推荐了丰富而又便于使用的资源，会后很多家长都希望多陪孩子读读书，建设书香家庭。

赖欣然妈妈的分享，丰富了家长会的内容，拓展了教育资源，同时也让家校共育的理念深入每位家长心中。相信还有很多家长也会在孩子们的成长路上献计献策。

2018 年春东原香山小学
一年级家长会简讯
2018 年 3 月 17 日

2018 年 3 月 16 日下午，乘着春日的和风，东原香山小学校级领导肖章梅校长、周育均副校长、左娅副校长、一年级全体家长和五个班的班主任齐聚一堂，聆听专家讲座，分享育儿心得，记录点滴收获！

此次家长会对一年级 270 多位家长而言，可谓盛宴。首先学

校请到西南政法大学英语学院副院长朱元庆为大家做了《亲子阅读使我们成长》的讲座。朱院长从阅读对生活工作的影响，自己陪一年级二班女儿一起读书、选书、分享等方面做了深入的阐述，给了到场的家长、老师较深的启示。朱院长认为学校开展亲子阅读活动对孩子们的成长大有益处。

学校还请到了家庭教育高级指导师、二级心理咨询师张立英做了《亲子沟通》的团体辅导活动。家长们在一个个案例中感受沟通的真谛，在一个个活动中体验尊重、理解、认同、接纳，对建立和谐亲子关系的重要。张老师的辅导，让家长们感受到了自己在孩子成长路上的重要作用，积极承担起陪伴教育的责任。张立英老师辅导课的结束语"做智慧父母，育圣贤子孙"让家长们看到了前进的方向，看到了当好父母的重大责任。

讲座结束以后，学校领导肖章梅校长就学校开展的各项活动目的做了说明：为了让学生的素质得到更全面的发展。强调了只有家校形成合力，相互理解，才能培育好人才。主持人左娅副校长从当家长的五个层次引发家长们深思，启发了大家在当好家长的路上不断探索，不断成长。

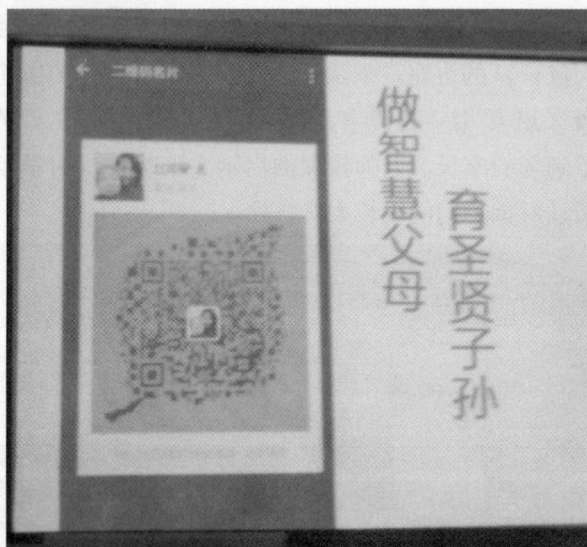

分班交流时，一年级（二）班学生家长王泳豪爸爸王睿首先在班上为大家分享了亲子阅读的选材、途径和方法，建议家长为孩子营造一个安静的读书环境，在较固定的时间、固定的地点一同读书，为其他对亲子阅读感到迷茫的家长点亮了一盏灯。

一年级（二）班数学老师陈阳主要针对学生现在完成作业时存在的主要问题向家长们提出了要求，希望大家严格按要求做，让学生养成良好的学习习惯。

我作为一年级二班的班主任兼语文老师，从这个路牌谈起父母对儿女成长的重要性，只有父母真真切切地担起教育子女的责任才会让孩子健康快乐地成长。作为语文老师，我还从预习四步、复习四步、拓展学习三步曲给出了建议，逐渐培养起学生自学的习惯。也建议家长把这个要求打印出来张贴在语文书第一页，让孩子自己在没有家长的陪同下学会独自完成作业。

东原香山实验小学亲子阅读主题教研简报（一）

2018 年 3 月 7 日

亲子阅读既为语文学习奠基，更为学生全面可持续发展奠基。同时，也为亲子沟通提供了媒介，让亲子关系更加和谐美满。

寒假只有一个月，一二年级的孩子在假期中坚持阅读，坚持在父母的引领下分享阅读的喜忧，亲子共同记录得失建议，做出风格各异的亲子阅读卡，启发老师教学。

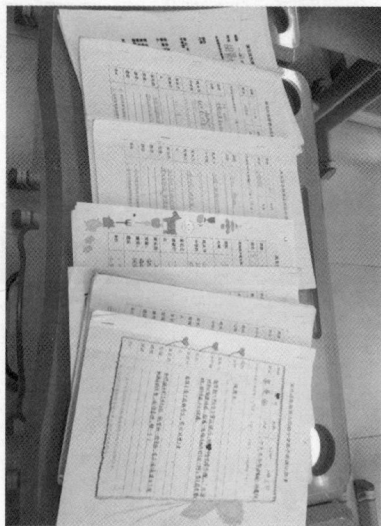

石娟老师就自己班亲子阅读卡的特点提出了两点建议：训练指导学生把自己写的那部分质量提高，卡的形式更加多样。

在评议亲子卡的环节中，陈成、郑雪梅、石胜梅纷纷对阅读卡的质量表达了不同见解。郑老师建议多读文学类书目，陈成建议向家长推荐书目，石胜梅希望能找到恰当的方式对家长进行培训指导。

左娅校长（左）亲临指导研讨活动，希望我们在开展教研活

动时做好充分准备，把优质阅读卡尽量用 PPT 呈现，让大家更好地学习借鉴。使活动开展目的清晰化，达成目标精准化。

邹亮主任对亲子阅读量和书目提出了可操作性建议，对提高教学质量的可行性策略提出了中肯建议。

我提倡阅读内容可丰富多彩，让学生在阅读中发现自己的兴趣。同时，教学中最好通过让学生影响学生，让家长引导家长的方式提升阅读卡的质量。在通过阅读提升学生语文素养的路上不求齐步走，但要人人都走，以点带面不断提质。

评阅亲子阅读卡的过程亦是老师与家长思维碰撞的过程，善用之将彼此成就，桃李满园。

渝北区东原香山实验小学亲子阅读记录卡

班级	一（二）班	时间	2018年1月20日—2月 日
姓名		书名	

在阅读中我主要是听（√）读（√）讲（ ）诵（√）（选择打"√"）

我的心情	心情愉悦
我从书中学到	学到了学过的东西经常心习。
家长主要做什么	
家长的发现、感受、建议	
备注	1、可以在家长陪同下用贴画或画笔美化自己的阅读卡。 2、还可用电脑插图美化完卡片再打印出来使用。

东原香山实验小学亲子阅读主题教研简报(二)

2018 年 4 月 15 日

让我们的孩子成为世界上最富有的人

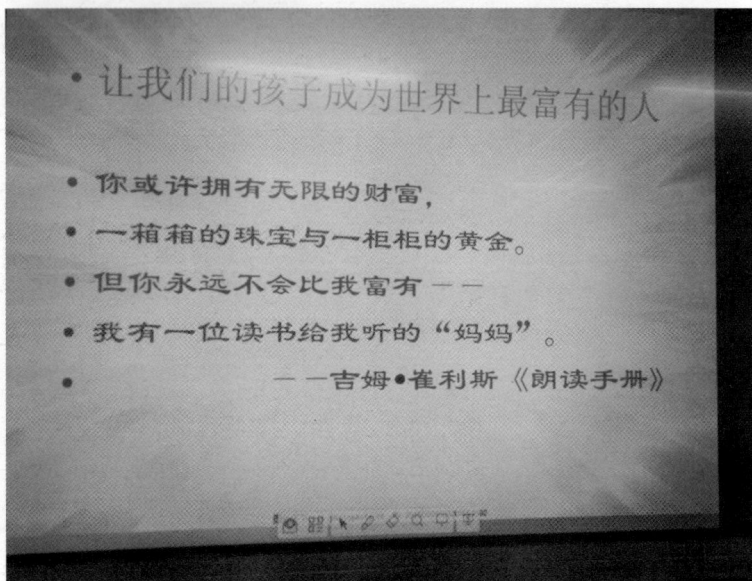

2018 年 4 月 13 日,我校一年级二班的语文课堂上除了学生,还有 23 位家长——4 位爸爸、19 位妈妈陪着孩子们上亲子阅读课

《孙悟空打妖怪》。

　　瞧，三位爸爸认认真真地读儿歌给自家宝贝听。浓浓的父女情就在这一句句朗朗上口的儿歌中传递。孩子那专注倾听的样子充满了信任和期待。

　　这边的妈妈也毫不逊色，正在用她们悦耳动听的声音为孩子

做示范。孩子们边听边动笔做记号，完成老师要求的任务。

亲子阅读走进课堂让各个家庭之间的方法得以共享，也为迷茫的家长点燃了一盏指路明灯。为和谐亲子关系，构建书香家庭、书香班级、书香校园奠定了良好的基础。

赖欣苒和补迪哲这两个小朋友家庭在共同表演《三打白骨

精》的环节，穿上专用服装、配上专用道具，足以感动到场的家长，启发忙得无暇顾及孩子的家长朋友。这两个家庭用事实告诉大家，亲子阅读可以如此趣味横生。

课后，执教者淳安容老师及时地从三方面做了总结陈述：1. 学生积极配合老师，有较丰富的课外知识应对老师的提问，抢着回答了一些本来预设给家长回答的问题。2. 两个家庭表演《三打白骨精》，足见家长的用心，确实做到了让老师感动。3. 这样的课堂我们还可以在各个班开展，让亲子阅读促进亲子关系的和谐发展，促进语文核心素养的提升。

一年级组五位语文老师对自己共同出谋划策设计的该堂亲子阅读课进行了及时的点评，对家长、学生和老师之间的默契配合表达了欣赏之意。郑雪梅老师的每天课前三分钟分享亲子共读内容作为检查回馈的方式得到了大家的认同和推广。

郎一妈妈叶薇在课堂上为学生们答疑解惑，呈现新的亲子阅读方法（相互答疑）。课后郎一小朋友写了自己的感受：

今天，窗外小雨沙沙，我们一年级二班的小朋友要和爸爸妈妈一起上亲子阅读课啰！丁零零，上课铃响了。我们拉着爸爸妈妈的手开开心心地来到教室。瞧，我们坐得多端正！淳老师给我们讲的是《孙悟空打妖怪》，甭提多有趣儿了！我喜欢和妈妈一起上课，我也喜欢淳老师给我们上课！

东原香山实验小学一（二）班　郎一

朱荻霏父女一起上课，一起写话，一起评课。真正做到成长路上有你相伴，共同成长！

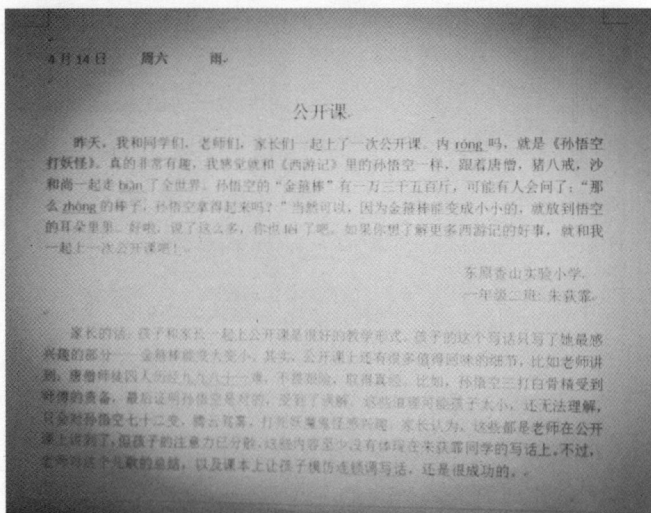

黄泓杰纯真的表达，真真切切的体会，让我们感受到新课型带给孩子的那份惊喜。也许内容还欠详尽，也无法呈现课堂的精

彩瞬间，但字里行间的那份真诚却难能可贵。

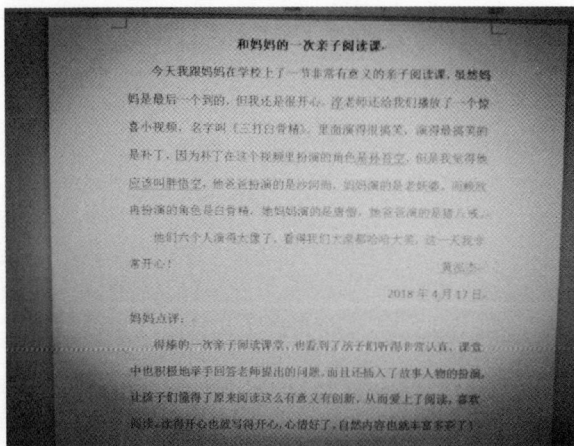

　　肖章梅校长亲临指导，高屋建瓴地从亲子阅读卡的灵活性、展示成果的丰富性、各年段的连续性三方面提了建议，为我们低年级语文组全体成员推进"亲子阅读促进语文素养提升"的主题教研指明了方向。

伍

别样情怀

多一份情怀就多一点理解
多一点理解就多一分尊重
多一个兴趣就多一点交流
多一点交流就多一分和谐

养猫如养女

2015 年暑假，家中老鼠横行，多床被褥被老鼠妈妈当了育儿窝，无论是粘鼠板还是灭鼠药似乎都只能治标不治本，无奈之下我只好托家父到市场上买回一只小黄猫，以此来吓唬那些放肆的老鼠。

小黄猫一到家我们就为它取名欢欢，小家伙果然灵气，每天早上天刚蒙蒙亮就在我卧室门外"喵喵喵"地叫个不停，好像小闹钟一样天天坚持不懈。我一打开门它就一边叫一边跳起来抱我的腿，好像在说："喂早饭了！喂早饭了！"每天我下班回家，无论它在干什么只要听见我的声音就会飞快地跑到门口一边叫一边伸出前脚来抱我的腿，似乎在说："好想你呀，我的主人！"小家伙开始不知道轻重，每次来抱我都要告诉它："轻轻抱，那样主人才会喜欢你哟。"久而久之，欢欢也掌握了抱腿的力度，即使是我穿的丝袜也没被它抓坏过。

转眼到了国庆节，女儿看完漫展在回家路上又买了一只可爱的小白猫，我们为这个小家伙取名乐乐。

乐乐刚到家，欢欢很不欢迎它，总是想方设法去咬它。为了不让乐乐受欺负，我们总是把乐乐带在身边或抱在身上，晚上也让乐乐住在我们的卧室，欢欢则依然住它的客厅。当然，一旦有恰当的时机我们就教欢欢："小乐乐是你的伙伴，是你的弟弟，不能欺负它。"三天以后，两只猫猫就能在同一个屋檐下和睦相处、追逐嬉戏了。

转眼又一个月过去，乐乐长大了不少，可我每天晚饭后看新闻时都发现了一个共性：乐乐见到主人坐在沙发上就爬到主人身上睡觉，而欢欢则像懂事的大孩子一样独自坐在凳子上或者沙发角上闭目养神，从来不会发生欢欢与乐乐抢衣兜的事件。偶尔半夜检查还会发现它俩头对头地睡在同一个窝里。

欢欢的独立让我想到了进入青春期的女儿，她总是努力地想摆脱父母的安排、控制，可我却一厢情愿地为她安排这安排那，最终什么都未能安排下去，自己感到的只是挫败。

现在每天看到乐乐的黏人，欢欢的独立，我释然了：遵循成长规律，一切都会顺其自然地发生。当孩子要独立时，父母放手让其前行，哪怕摔两个跟头，那也没关系。因为成长就有痛，有痛以后才能真正成长。

养宠物也会像养孩子一样给我们带来很多惊奇。12月的一天晚饭后我像发现了新大陆一样吃惊："怎么会这样呢？欢欢怎么会主动到我身上来睡觉呢？"因为从乐乐到家里之后欢欢就没有在主人身上睡过。"最近两周就这样了，我一坐下来，欢欢就会爬到身上来。反倒是乐乐不喜欢黏人了，自己待在一边睡自己的觉。"妈妈见我大惊小怪的的样子连忙说明。

听了妈妈的话我才仔细打量小白猫乐乐，原来只有手掌大的它经过三个月的精心照料已经成长为半大猫了。此时的乐乐与国庆节时的欢欢差不多大小，或许这就是它们渴望独立的年龄。那时的欢欢和现在的乐乐都同样地表现出了想远离主人的状态。如果主人强行把它抱起，它就会显得不安、烦躁。一旦它们找到离开的机会就会义无反顾地逃走，这一行为不正像青春叛逆期的孩子们吗？无论父母用什么方式去打动他们，他们都会冷冷地远离。父母越想听他们的诉说，他们却越是沉默不语。若是父母微稍没掌握好分寸多问了两句，他们就会毫不留情地告诉你："现在能不说吗？"若是父母在这礼貌的回绝后还热心地多说几句，那就有可能听到更严厉而又无礼的警告："闭嘴！"凡是关心孩子的父母听到这些回绝都难免会暗自神伤，都不明白自己苦心培养的孩子怎么会这样冷漠无情。这两只猫猫的表现是否已经给了我们缺点智慧、对自己的孩子缺乏了解的父母一个启示：孩子渴望独立时，父母不能过多地干涉他的生活，要给他独立思考的空间、时间。若家长强行干涉，孩子就会启动强大的防御机制——叛逆。家长越强求孩子叛逆得越厉害。家长一旦平和冷静下来，孩子就找不到反抗的事由，亲子关系亦更和谐。孩子的叛逆是有期限的，就像欢欢和乐乐一样，过了那么一段独立的生活以后，自己就会主动亲近父母，主动与父母交流，当然前提是父母用的是有效科学的方式应对这个叛逆，父母自己在跟随孩子不断地成长。

给女儿的信

女儿：

我最近读完了从哈佛大学访问学者、西南政法大学法学博士严文强老师那儿借的复印小书《睿智的父母之爱》，感触很深。我既为自己曾经很多正确的培养方向、方法感到欣慰，又为自己的失误感到遗憾。但我相信我的觉悟会给我们彼此的成长带来帮助。

这本共计174页的书用了30页在阐述"劳动和义务"，有很多经典的话语妈妈分享给你，也希望这些浅显而又有哲理的话能指导我们的生活。

一、没有劳动就没有幸福。

二、对劳动永远保持崇敬之情，这是儿童和青少年最重要的幸福源泉。对劳动的尊重，对他人、对社会的义务感，把儿童和他人连结了起来。

三、孩子们在劳动中"自己教育自己"。

四、只有劳动成为表达自己对他人、社会、祖国的爱的手段时，劳动才能成为幸福的机警的守卫者和取之不尽的源泉。

这四处经典语录让妈妈意识到：我应该且必须把幸福的源泉（劳动）还给你，否则我就不是一个合格的母亲。所以，从今天开始，请女儿自己做到以下几点：

1. 假期整理、清洗自己的书包，收拾自己的房间。

2. 清洗自己的鞋袜。每天起床后一定及时刷牙洗脸，这样会把日子过得神清气爽。

3. 如果假期就餐前后能分担点取碗筷、洗碗之类的活儿会让妈妈更轻松，我自然会更加开心。

妈妈永远都希望自己善良、乐观、好学、幽默、风趣的女儿幸福，所以今天决定把这幸福的源泉——劳动还给你，也把这份责任给予你，妈妈相信 16 岁的你能做到，也会接受。

爱你的妈妈：安容公主

2018 年 8 月 6 日

女儿：

妈妈把你推荐给我的电视剧《延禧攻略》看完了，很想把自己的感触与你分享。女主魏璎珞在起起伏伏的人生路上从不埋怨，冷静地想办法，找寻生命中的关键贵人：皇后、皇太后、皇上。她在寻找这三位庇护自己的贵人时那种精准眼光让人无比佩服，贵人找好后毅然决然地执行自己的每一项计划，没有半点拖泥带水，巧借各种机会顺势而为，凭借自己的聪明才智渡过了一次次难关。她的行动力超乎凡人，最后被皇帝的真情打动，也用自己的真情赢得了皇帝的青睐，被成功封为皇贵妃，这是一部寒门出贵妃的励志剧。她成为皇贵妃之前无论嫔妃们怎样羞辱她，她从不为自己的出身有丝毫的自卑，即便被罚去干苦活脏活也没有半点怨言。她在自己能拥有的资源上努力学习民间的各项绝活（绣活、讲故事、绘画）并学到极致，讨得皇后、皇太后的认同夸赞。她的善良忠诚、敢爱敢恨、敢做敢当也是皇上特别看重的独特品质，这些品质没有被紫禁城这个环境所改变，与那些后宫女子相比确实多了一分可爱。她能读懂人心,利用人心的贪婪为姐姐、皇后报仇,为自己的人生逆袭做储备。

魏璎珞天生是一位积极心理学的代表人物,总是心向未来,不被过去所束缚,不被困难打倒,用好心态赢得未来。在那些一个个出身名门望族的嫔妃们相继被废、被冷落之后,她却巧借自己的寒门出身劣势读懂人心,步步高升,走向灿烂辉煌。她完全接纳自己所拥有的一切:不幸、苦难、卑微,把别人所认为的怪异独特转化为动力,不负自己的美好年华。

爱你的妈妈:安容公主

2018 年 8 月 26 日

堵截不如疏导

社会在不断地变革，新鲜事物在不断出现，每一样新事物都给一些人带来惊喜，同时也给一些人带来困惑。接受新事物较快的人群主要是年青一代。

当智能手机来到我们身边时，给我们的生活带来了很多的便捷，我们没有及时看到的电视剧可以回头去追，不了解的知识可以随时去查询，喜欢的节目可以反复去品味，不熟悉的地方可以导航开车去。智能手机的 QQ 和微信功能还可以让大家瞬间传递图片和语音，在 WiFi 环境下成本为零。这些功能很快被充满朝气的年青一代灵活自如地运用起来，甚至用得很狂热，特别是中小学生更容易陷入痴迷状态。

面对青少年的痴迷，老师和家长主要采用堵截的方式，要么根本不让孩子用，这个难度太大，孩子会去借其他伙伴的手机。第一招不灵就换第二招，限制使用。这两招都会让孩子感觉很不舒服。有让双方都较为舒服的解决方式吗？我没有成功的经验，但我从自己的实践中看到了一些方向，也许值得借鉴。

我从 2017 年初期开始用自己的智能手机听《我是演说家》的各种视频，著名音乐制作人黄国伦的人生起伏跌宕让我感动得泪流满面，小马在青春期与父亲的生疏听得我心碎心酸，清华学子梁植那掷地有声的演讲让我听到了中国人那有骨气的声音，北大才女王帆在《体面的假期》中那句"我们得体国家才有面"让国人震撼。因《我是演说家》这个节目让我关注到了另一个人——中国民办教育的先行者、中国最富有的老师俞敏洪。我前不久才看过他写的书《从容一生》和《愿你的青春不负梦想》，知道新东方还有一个梦想之旅，就用手机搜索到了俞敏洪在各个高校演讲的视频。我一看那些视频名称，全是对著名高校学子们讲的。我一阵窃喜，终于可以在 40 岁以后听到名牌大学的讲座了。励志演讲内容从北大的《不要用你的现状判断你的未来》到浙大的《在绝望中寻找希望》《心若不死，必有未来》，一看见这些题目就会联系到坎坷人生路。俞敏洪老师的人生辉煌是他用三次高考、多次申请出国被拒签，在北大的 10 年苦闷熬出来的坚韧，加上他永远不去嫉妒比自己优秀的人，只把优秀的人当作学习榜样的胸怀换来的。这些现身说法的讲演内容让我对困难、挫折有了新的定义，相信那些在现场倾听的高校学子们会有更多的感悟。点燃学生梦想的演讲《从零开始规划未来》到《面对现实坚持理想》能激起自己心中的奋斗热情。我这么一个高龄青年尚且听得激动不已，对那些正值做梦年龄的青少年来说也许就已经点燃梦想了。俞老师在演讲中多次提到他对看书量的一个具体要求：大学时看 800 ~ 1000 本，现在忙于事业也要保证每年看 100本；对员工要求一年至少看 20 ~ 50 本。这么多的读书量对我来说是一个天文数字，但也点醒了我。从我上大学到参加工作都有导师在不同的场合提醒我要多读书，但到底读哪些书，读多少本为多读却一直不明确。我现在总算在这位导师的指引下明白该读书，一年 20 本作为保底总是应该的吧。

听演讲和有声书还可以和做家务结合起来，这样既节省了时间，也让干活变得更轻松愉悦。若是我们的师长能在孩子们拿起手机之前为孩子推荐这些有价值的视频，并且在班级或者家庭中展开讨论，相信孩子们就会更清楚智能手机除了打电话、发微信、打游戏外，还有一个强大的学习功能。我们就能把教育方式从堵截变为疏导。

心　愿

　　我出生在农村，生长在农村，经济条件有限，只能吃饱穿暖，不能吃好穿美，但我羡慕那些穿得漂亮的同学（只是偶尔会有人穿一件漂亮衣服，因为家家户户条件都差不多）。所以，我就盼望远在贵州省铜仁市的四姑能回故乡，那样我或许就可以穿上一件漂亮的衣服。这个心愿终于在1984年实现了，那年我9岁。我日思夜想的四姑回到了家乡，但我却害羞得不敢正面看四姑。可我四姑的亲切和蔼很快就让我与她之间建立起了沟通的桥梁。这次四姑是回家办事的，并未给我带回漂亮的衣服，可我的欣喜和激动半点都没有减少。

　　1987年初夏，四姑给家里寄来了一个包裹，这包裹让我充满了期待——漂亮的儿童服装。当我看见那里面确实有两件儿童衬衣时，我真是难掩心中喜悦，翻来覆去看了很多遍，怎么也看不够。但我比较出了优劣，觉得镶嵌有金边的白衬衣比花衬衣洋气，独自决定穿白衬衣，花衬衣就留给大我两岁的三姐。

　　一天，我和三姐各自穿上那件令我们觉得可以大放异彩的衬衣去上学，也着实让我们闪亮了半天，总觉得同学们都向我投来了羡慕的目光。可好景不长，中午放学回家吃午饭，我们姊妹见屋旁的水蜜桃红彤彤的，好像在夸奖我们的美丽，就不约而同地伸手摘下一个美美地品尝起来。那桃儿汁液丰富，每咬一口就会往外滴几滴，我陶醉在美味中，完全不知心爱的白衬衣已被染成了不规则图案的花衬衣。我盼望四姑给我寄新衣的心愿终于实现了，可新衣只带给我半天的欣喜。但这件事却深深地印在我心中，成为永恒的美好和遗憾记忆。

2007年，重庆到怀化的渝怀铁路通车，23年未回故乡的四姑在姑父的陪同下又重回故乡，可年岁已高，无法回到那个只能步行十几公里才能见到的美丽山村，只能遗憾地站在高处望一望曾经哺育过自己的故土。

2012年，大姑80岁高寿，四姑又在我大姐的陪同下重回故里。此时到达我们村的乡村公路已修通，只是路面还是石子与泥巴相混的土公路，遇到下雨天就难以让普通的小型轿车通行。这一次四姑再一次站在土公路边望了望那个日思夜想的小山村。此时，我的驾考已进入路训，我多么渴望能拿到驾照开着车送四姑重回故里，了这多年未实现的心愿。2012年12月，我终于拿到了驾照。

2016年3月6日，阳光明媚，万里无云，在为家父过完69岁生日的第二天，我决定亲自驾着我自己的车载着我亲爱的四姑一起回到32年未曾亲眼所见的叶河村（现已更名为良桥村）。一踏上故土，看见几株盛开的李花，四姑就像小孩一样走到树旁与鲜花合影。此次四姑回乡的一个重要任务就是给奶奶上坟，当她走到奶奶坟前，激动得泪流满面，跪下向坟里的母亲诉说着："妈，今年是我离乡60年（1956—2016），这60年里我没有见你一眼。哪怕是你离开人世，我也未送你最后一程。"听着满头华发的四姑这般触动心弦的述说，我们家三姐妹都忍不住落泪。

60年的岁月沧桑，32年的久别重逢，是多么令人感叹呀！而这渴盼已久的心愿是我帮四姑实现的，我心中的自豪和满足不亚于当年穿上那件白衬衫。

世界杯情缘

　　2005年我教到一篇课文，是关于世界杯比赛的，后换了教材，现在连课文名称也记不得了。当时我对世界杯一无所知，颇感无奈，知道自己才疏学浅讲不好。在那个获取信息还不太方便的岁月，我决定去向年轻的美术老师周阳请教。他向我介绍了影响力最大的世界杯，水平较高的欧洲杯，还有我国的中超联赛。另外，他还对我讲述了足球比赛的一些术语，我听得一头雾水，但记住了那几个名词。2006年暑假，恰逢世界杯在德国举办，我在两位小同事刘易健、徐伟的陪同下学习去看比赛，听解说有疑惑时就请教二位，这样就勉强会看了。这一届世界杯有一个足球名星的名字印在了我的心中：法国队的核心齐达内。

　　从2006年到2018年，世界杯已从第18届到了第21届，举办地已从德国到了俄罗斯。我已从学看世界杯到有选择有目标地看世界杯。卡卡、梅西、C罗、内马尔、格列兹曼、凯恩、阿扎尔闪耀球坛，我也会随着他们的球队或他们的对手悲喜。这一届世界杯会给我留下多少印记呢？我跟随比赛进程，期待精彩呈现。

　　俄罗斯世界杯葡萄牙队小组赛第一场对战西班牙，这两对都曾得过欧洲杯冠军，西班牙曾得过世界杯冠军。恰逢端午假第一天，我熬夜也要看。我见识过葡萄牙在欧洲杯夺冠的实况，我以一个外行球迷的身份认为该队就差一个世界杯冠军，也有实力去奋力一搏争夺此冠。C 罗的球技确实令人叹服。小组赛对战西班牙队时，好运对葡萄牙队倍加青睐，C 罗无论是点球、任意球都能攻破对方球门，上演帽子戏法，让这位巨星更加璀璨耀眼。

法国队还未上场我就从体育节目主持人口中获知该队来自豪门，队员总身价位居 32 支球队之首。一个队员格列兹曼的身价就可以超过人家整个球队总身价。身价是实力的象征，能不去看吗？不看是遗憾。从小组赛来看，法国队也展现了自己的明星范，两场均胜，提前挺进 16 强。

五星巴西队有年轻有为的内马尔，在对战哥斯达黎加队的比赛中，面对对手的严防死守，90 分钟打满了双方还一球未进。在伤停补时的 6 分钟内巴西连进两球，五星巴西的实力创造了罕见的奇迹。

2018 年 6 月 30 日，这是一个令阿根廷球迷和法国球迷激动不已的夜晚，也是一个令梅西粉丝黯然神伤的日子。开赛第 10 分钟，法国队首开纪录，姆巴佩后场带球长途奔袭闯入对方禁区，罗霍防守从背后推倒姆巴佩犯规，因此法国队获得点球，格列兹曼左脚推射中路，皮球应声入网，1∶0。此时场内场外的法国球迷都欢呼雀跃。

第 41 分钟，阿根廷迪马利亚禁区前左脚打门扳平比分 1∶1，阿根廷球员和球迷看到了希望，热情倍增。第 48 分钟，阿根廷反超比分，梅西禁区内转身左脚打门，梅尔卡多小禁区内将球碰入球门，2∶1。梅西成为世界杯历史上唯一一位在 4 届比赛中都有助攻的球员。

第 57 分钟，法国队后卫帕瓦尔禁区前重炮轰门，皮球径直飞入球网，2∶2 法国队扳平比分。（帕瓦尔打进了在国家队的第一个进球。）第 64 分钟，法国队反超比分，卢卡斯左路传中，阿根廷队禁区内一片混乱，姆巴佩禁区中路斜刺杀出，小禁区左侧左脚抽射破门，3：2。第68分钟，法国队扩大比分，吉鲁反击向右分球，姆巴佩梅开二度，4：2。这个比分让阿根廷队的队员和教练团队变得有些焦躁，场边的阿根廷球迷有的已经掩面哭泣。

下半场补时4分钟，第93分钟，阿圭罗接到梅西传球，小禁区前头球攻门扳回一分，4：3。这又让阿根廷球迷和队员看到了一丝希望，但很遗憾的是时间不等人，最后全场结束比分定格在了4：3.

整场比赛大开大合，没有以往淘汰赛的沉闷，双方都锋芒毕露，抓住每一个可以进球的机会。当然这场比赛的最大漏洞在防守，防守好就不会有那么多进球。

32支球队，64场比赛，为期32天的世界杯在23点将迎来冠亚军争夺战，球员和球迷们无论情愿还是不情愿都将挥手与俄罗斯世界杯道别。在等待决赛的最后时刻，赛场上的一个个精彩瞬间不断地浮现出来：C罗的帽子戏法，梅西的力挽狂澜，凯恩的精彩射门，姆巴佩的神奇过人，看台上乌拉圭老帅71岁的塔巴雷斯拄着拐杖亲临现场指导作战……让人想起无不动容。

北京时间7月15日23时（俄罗斯当地时间18时），第21届世界杯决赛在莫斯科卢日尼基球场打响。法国队时隔12年重回决赛场，期待20年后再捧金杯。若要找一个词来诠释此时的法国队，那就是——群星璀璨，青春无限，所向披靡！"格子军团"克罗地亚队则是一路披荆斩棘，三场淘汰赛，克罗地亚都曾面临0：1落后的局面，但是他们实现了逆转！打了连续3场加时赛淘汰对手，首次进入决赛。如果要找一个词来诠释克罗地亚队，那就是——历经磨难，却心怀骄傲，勇往直前！本届世界杯给我留下的最大遗憾是没有关注到克罗地亚队前面的比赛。如果假期时间充足，我会去看看这支顽强的队伍是如何一球一球地拼进决赛场的。此时趁我记忆深刻，给没看决赛的朋友们回放精彩，也用文字记录精彩，记录足球的魅力。

精彩进球瞬间回放

比赛开场后两队都非常谨慎，都没有获得很好的射门良机。比赛第 18 分钟，法国队获得前场任意球，格里兹曼开出任意球，在禁区内参与防守的克罗地亚前锋曼朱基奇头球后蹭，却不慎自摆乌龙，法国队领先。

11 分钟后，比赛的第 29 分钟，克罗地亚前场任意球打出精妙配合，佩里希奇晃过防守，一脚抽射直挂死角！场上比分被扳平为 1∶1，双方再度回到同一起跑线。

比赛第 39 分钟，克罗地亚进球功臣佩里希奇在自家禁区内手球犯规，裁判经过 VAR 确认判罚点球。主罚的格里兹曼骗过门将苏巴西奇，轻松将球罚进，法国队再次领先，并将 2∶1 的比分保持到半场结束。

下半场一开场，克罗地亚就阵型前压，加强攻势。法国队全面收缩，坚持防守反击。第 59 分钟，波巴后场长传姆巴佩，后者依靠速度优势得球后传中，波巴连续两次远射攻破苏巴西奇的十指关。法国队 3∶1 领先。

仅仅几分钟后，第 65 分钟，法国队再次获得反击机会，姆巴佩禁区外无人防守，一脚低射打进死角，法国将领先优势扩大到 3 个球，冠军奖杯可谓近在咫尺。

就在人们认为比赛已无悬念的时候，第 69 分钟，法国门将洛里门前玩火，在盘带时被曼朱基奇断球直接破门，克罗地亚队追回一个球。

此后，双方均无建树，场上比分也定格在 4∶2。法国梦回1998，时隔 20 年再夺大力神杯。克罗地亚队以亚军创造了历史最佳战绩，其顽强拼搏精神感动全世界。一个总人口 400 多万的小国受到全世界的关注是一次伟大的成功。

比赛结束，球场内夺冠的法国队员奔跑相拥，法国队主教练德尚被球员们一次又一次地抛到空中庆祝这 20 年一遇的喜庆时刻。克罗地亚主教练达利奇则进入场内冷静地安慰着已经创造奇迹但又留有一丝遗憾的爱将们。这一瞬间，我深切地体会到了教练与球员们同呼吸共命运的默契和守望相助。此时，俄罗斯的天空可能也被感动了，在进入冠亚军的颁奖环节时下起了瓢泼大雨，把领奖的裁判员、教练员、球员淋得湿漉漉的，但没有一个人忘记颁奖和领奖的礼节，依然尽情地享受足球运动的魅力和激情。

附：**2018 年世界杯的个人奖项**

克罗地亚核心	莫德里奇	金球奖
法国前锋球员	姆巴佩	最佳新秀奖
英格兰前锋	凯恩	金靴奖
比利时门将	库尔图瓦	金手套奖

拼　　搏

1. 卢卡库：他们再不会查我的身份证了

世界杯也是"励志杯"！比利时"锋霸"卢卡库火了。两场比赛四粒进球让世界见证了他的足球天赋，来自贫寒家庭的奋斗故事更让他成为励志偶像。

在他 6 岁时，亲眼看到妈妈把水和牛奶混在一起。他发誓：我不能看着母亲过那样的生活，我自己也不能过那样的生活！

他把踢的每一场比赛都当成决赛。在公园踢球时，那是决赛；在幼儿园休息时踢球，那也是决赛。

11 岁时，他在青年队踢球，其他球队的一位球员家长不让他上场，好像在说："这孩子多大了？他是哪来的？他的身份证在哪？"

他想："我是哪来的？我出生在安特卫普。我是比利时人啊。"他孤零零地为自己辩护。从包里拿出身份证给所有的家长看，家长们传阅着检查，他现在都记得那种热血冲上脑袋的感觉。

如今，他已不是第一次在世界杯登场了！现在他公寓里不再有老鼠了，不用再睡到地板上了，他再也不会被查身份证了。因为大家全都知道他的名字。

2. 内马尔：不是每个人都知道我为了参加世界杯付出了什么

当裁判吹响比赛终场哨之后，内马尔跪在草坪上，双手捂脸，失声痛哭。

7月2日，巴西队2:0赢了墨西哥。遥想今年2月，和马赛队的法甲联赛中，内马尔不慎崴脚，脚踝和小腿几乎扭成了90度。

经历长达3个多月的漫长恢复期，这段时间，他目睹了大巴黎在欧冠赛上被皇马淘汰出局，还被外界和媒体批评为"诈伤"。

内马尔的目标只有一个：世界杯。今年世界杯小组赛首场1:1被瑞士队逼平，他全场被犯规10次，差一点就追平了世界杯单人单场被犯规次数纪录。

终场前最后时刻，内马尔得到机会进球。这是他在巴西国家队的第56粒进球，至此，内马尔超越了罗马里奥，在巴西队历史射手榜上排在了第三位，前面只剩罗纳尔多和贝利两尊大神。最后时刻，他甚至上演了久违的彩虹过人……

"不是每个人都知道我为了参加世界杯付出了什么，我的眼泪是因为喜悦，是因为克服了困难，是为了胜利的意志和决心。"赛后，内马尔在社交媒体上吐露心声。

启示：

人生的每一段旅程都不可能是一帆风顺的。球星们在世界杯舞台上的绽放并非偶然，这些闪耀瞬间的背后都是心怀梦想、勇往直前的拼搏，只要你肯努力，就难有无法逾越的高山，即使暂时穿行于风雨之间，也终会迎来灿烂彩虹！

2018 年世界杯带给我们的启示

在 2018 年这个盛夏，除了一年一度的中高考，最让大家热血沸腾的莫过于俄罗斯世界杯！我只要不耽误工作、正常生活都坚持看每一场比赛。足球的魅力，运动的激情，球员们身上的拼搏、力量、自律、温情都深深地吸引着我。

作为家长和老师，从世界杯中能否看到一些可以讲给孩子的教育启示呢？对孩子来说，特别是懂足球的孩子这无疑是学习的最好课堂之一了！

不管懂不懂球、看不看球，世界杯期间发生的这些故事我都希望讲给孩子们听！关于拼搏、关于积累、关于温暖、关于力量……孩子们或许会忘记很多东西，但在每一个故事和场景里获得的勇气和力量是能够激励一生的！

准　　备

2018 年 6 在 16 日晚间结束的一场世界杯小组赛中，冰岛爆冷 1∶1 逼平阿根廷！第 63 分钟，梅西在禁区内摔倒，主裁判吹罚点球，但哈尔多松表现神勇，扑出了梅西的点球，帮助这支世界杯新军球队顽强地以 1∶1 战平强大的阿根廷，在小组赛首战拿到1 分。

很多人调侃说只要运气好，就能扑出去梅西的点球！其实，这背后是准备的沉淀！

哈尔多松直言，能够扑出去梅西的点球是自己对这位五届金球奖得主认真研究的结果。他知道可能会出现点球，也做过"家庭作业"。看了很多梅西主罚的点球，也回顾了最近自己在扑救中的表现。

他说因为在准备这份"家庭作业"时非常"入戏"，所以自己在面对梅西的时候感觉很好，准确判断出了他今天的罚球路线。

启示：

　　或许实力有一定差距，但每一个成功看似运气的背后都藏着长久的积累和准备！奇迹会存在，惊喜也会存在，但他们都有一个小名叫努力！你所做的每一个看似"无用"的努力都会在日后的某一个时刻，给你带来前所未有的力量！

成　　败

　　世界杯赛场从来不缺少惊喜，有时也会让人扼腕叹息，即便是足球巨星，有时候也会发挥失常！

　　梅西：饱受争议的他，用无与伦比的进球完成了一场"自我救赎"

　　小组塞上，葡萄牙对战西班牙，C罗一场比赛独自踢进三球，上演"帽子戏法"而被大家称赞的时候，"阿根廷输了"占据了微博热搜榜首位，梅西因点球失败遭遇口诛笔伐，被大家调侃凉凉了。

　　该场比赛终场哨响后，梅西径自走向球员通道，在即将步入时，他突然回头望向绿茵，眼神中充满不舍。

　　真正的英雄怎会因为一场的沮丧就失去战斗的勇气。6月27日，在最后一场小组赛上阿根廷对阵尼日利亚，这是一场至关重要的比赛，梅西上演史诗般的射门，燃爆全场！

　　这场比赛对于阿根廷来说只有胜利才能有机会出线！当终场哨声响起的时候，阿根廷的球迷热泪盈眶！

　　这是一场太过艰难的胜利，整个过程跌宕起伏！比赛进行到第14分钟时，梅西突入禁区破门，1：0领先！

　　一垫一趟一射，梅西贡献的这记史诗般的射门，燃爆全场！

　　梅西打入个人在本届世界杯的第1粒球，同时这也是本届世界杯的第100粒入球！进球后，一向低调内敛的梅西高举双手，跪地庆祝！尽情宣泄着压力！赛前饱受争议的他，用一个无与伦比的进球，完成了一场"自我救赎"。

启示：

　　没有人能随随便便地永远成功，也没有任何一个有实力的人会因为一次失败而蒙尘！赛场上会有意外，会有很多的不确定性，但你的实力、你流的汗水不会说谎！你只管努力、踏踏实实地去做，其他的交给时间去证明。只要你足够努力，成败都可爱！

自　律

　　葡萄牙、西班牙"两牙"首战，C罗上演全场最佳，他的"帽子戏法"让所有人叹为观止！33岁的C罗成为强者的背后，归根结底是两个字：自律！

　　C罗教练接受采访时曾说：他训练时总是提前来最晚离开，几乎不迟到。但有一次，没人通知他训练提前了，他迟到了，然后他特别激动！对他而言，迟到特别可耻！

　　已经33岁的C罗也清楚，休息对维持他的竞技水平有多么重要，除非有比赛任务，否则他极少在晚上11点之后睡觉。

　　自律还体现在C罗的饮食上，他每天摄取的食物都是低糖、低脂。C罗不会和队友一样开心饮酒，在经历了高强度比赛后，人体肠胃的吸收能力要强于平时数倍，此时饮酒不仅容易醉，而且对人体恢复相当不利。

　　在皇马，工作人员喜欢用"瑞士手表"来形容C罗的规律性。而这只手表过去20年一直走得很精准，正因为如此的自律和努力，C罗的巅峰状态显得异常持久！

启示：

33岁的C罗成为强者的背后，归根结底是两个字：自律。

自律的人值得佩服和学习！这两个字说起来和听起来都很容易，但做起来是真难！每一个伟大成就的背后，都有着别人所做不到的努力和自律，努力的汗水，不会辜负每一个自律的人！

纯　　粹

塔巴雷斯哪怕步履蹒跚，也要和你们同在

乌拉圭在对战埃及时，第 89 分钟，当希门尼斯攻入制胜球时，71 岁的主帅塔巴雷斯激动地站了起来。虽然已经无力冲上前去像教练组其他成员一样和心爱的球员庆祝，但是老帅还是拄着拐杖颤颤巍巍走到了场边，给球员们以鼓励。

老帅备受球员的推崇和尊敬，他鼓励球员多读书、少玩手机游戏，他甚至让足协在国家队训练基地里建了一所图书馆。在苏亚雷斯和卡瓦尼这样的巨星心里，塔巴雷斯才是乌拉圭足球真正的精神图腾。球员们尊称他为"老师"，只要有塔巴雷斯在，乌拉圭就有继续去战斗的勇气！

早在 2016 年 9 月，他就打破了一项纪录——率领国家队场次最多的主教练。如今，这个数字停留在了 196 场。也正是在塔巴雷斯创造纪录的 2016 年，他被查出患有吉兰·巴雷综合征，这种罕见病严重的甚至会导致瘫痪。来到俄罗斯之前，他还特意定制了拐杖，帮助他一路前进到了 1/4 决赛的赛场。本届世界杯塔巴雷斯尽管没能再次带领乌拉圭闯入世界杯四强，但塔巴雷斯已然可以功成身退，值得所有人向他致敬。

启示：

有人说这个社会太浮躁，也有人说成人的世界里不可能没有"功利"二字，关键是看你如何衡量。孩子，纯粹或许是能让你获得快乐和幸福最简单的一种存在。不管别人怎么说、怎么做，你只管做好你自己，享受你流汗的畅快过程就够了！千万不要被眼前的迷雾模糊了双眼，要问问自己的初心！

力　量

1. 梅西：不为阿根廷拿下大力神杯，我不退役

24 日，据英国《镜报》报道，梅西已经做出承诺，自己在没有拿下大力神杯前，不会退出。"对于阿根廷来说，世界杯十分特别，对于我来说也是。我总是梦想自己能够夺取世界杯，为它振臂高呼，为它激动落泪。"

"即使幻想这样的时刻都会让我激动万分，同样这也将会给成千上万的阿根廷人带来快乐。""所以我们不会放弃这个梦想。我已经赢得了几乎所有重要的冠军，但是仍然有野心去赢得世界杯。""如果没有和阿根廷一起成为世界杯冠军的话，我不会从球场上退役的。"

2. 国歌奏响，他们满含热泪

梦想照进现实，虽败犹荣！巴拿马首次登上世界杯舞台，当国歌奏响，他们纵情放歌、眼含热泪。一路不易，他们创造了历史！首次出征，整个国家都为他们自豪！

3. 父亲，永远是孩子心里最伟大的英雄

瑞典前锋贝里上演了世界杯处子秀，4 岁的儿子双眼满是泪水。他可能不像其他大牌球星为人所知，但那刻，他是儿子心中真正的英雄。

启示：

告诉孩子，无论走到哪里，无论长多大都要相信爱的力量。父亲永远是孩子的超级英雄，而孩子在台下紧张注视的目光也给了父亲对抗一切的勇气；粉丝在台下的呐喊声给偶像加油打气，而偶像流着汗拼尽全力的样子也给了粉丝实现梦想的力量；战士们为了国家的荣耀出征，而无论走到哪里，国家永远都是我们最坚强的后盾！

温　暖

1. 生命无轻重，勇者可以冲锋陷阵，也有铁汉柔情

6月21日的俄罗斯世界杯赛场上，西班牙对阵伊朗，有小鸟误入球场。就在此时，绿茵场上出现了让人暖心的一幕：

西班牙球员皮克和伊斯科分别在场上救起一只小鸟。皮克轻轻捧起小鸟慢慢将它放飞；伊斯科则轻握小鸟，小心呵护，将它安全地护送出场。

2. 尽管语言不通，爱与温暖总能把人团结在一起

时隔28年重返世界杯，埃及与乌拉圭对战当日，为让一位坐着轮椅的埃及球迷看得到大屏幕，几位哥伦比亚和墨西哥球迷合力将他托起。

3. 他可以傲视群雄，也能给人以温暖

世界杯开赛前，一位C罗的小球迷以为错过偶像而难过落泪，C罗下车为他拭去泪水，并和他击掌拥抱、合影留念。

启示：

我们可能会经历一些迷茫和无助，但也可能在某个转角突然柳暗花明，与幸运不期而遇！要做一个善良的人，在温暖别人、温暖世界的同时，你自己也能得到别人的礼物！

特别说明：此文大部分内容来自网络文章，但我查询不到作者，又觉得特别好，放在书中与大家分享。

球场上看不到的 C 罗

耀眼的C罗1985年出生在葡萄牙一个穷苦家庭，爸爸是花匠，妈妈是清洁工，他特别喜欢足球，但是家里太穷了只能在街头巷尾踢野球，还自创了一套很酷很炫又实用的假动作。10岁的时候，他就表现出色，成为当地国民足球俱乐部的小明星，每场比赛都能进八九个球。13 岁的时候葡萄牙里斯本竞技俱乐部被 C 罗的球技所折服，以 1500 英镑的超低价格签下他，当时谁也没想到，五年后这个少年的身价会暴涨 10000 倍！但是 C 罗还很单纯，只知道去了里斯本就能吃饱饭，能挣钱补贴家用，有像样的足球场，还不知道自己的命运会发生怎样的改变。

刚来到里斯本的几个月，大家都瞧不起这个穷小子，因为口音被被嘲笑为"乡巴佬"，甚至因为个子长得过快，动作笨拙，差点被踢出球队。个性要强的他为了变强壮和不被人欺负，经常在晚上偷偷溜进健身房下苦功。因此，训练中心主管每晚都要在别人睡了后去健身房抓 C 罗。白天练球、晚上健身，别人休息的时候，他还在锻炼。（他是俱乐部里最拼命的一个，拥有强悍的身体素质，他带球速度极快善于突破和射门）

2003 年至 2004 年赛季，C 罗带领里斯本竞技以 3：1 大胜曼联，引起了曼联的注意。曼联教练弗格森慧眼识珠，开出了最好的条件，以 1224 万英镑的价格签下了 C 罗，成为英格兰足球历史上身价最高的年轻球员，还把贝克汉姆留下的 7 号球衣传给 C 罗。众人皆惊，搞不懂这个毛头小子为何值这个价。弗格森回答："他配得上 7 号，他的成就不会比贝克汉姆差！"

在曼联，在弗格森的培养下，C 罗的球技越来越沉稳踏实，但他依然是最勤奋的那个，为了练球甚至在双腿上绑上沙袋。果然如弗格森所言，在效力曼联的 6 个赛季中 C 罗打入 118 球，帮助曼联赢得了 3 座英超冠军、1 座欧洲杯冠军。2008 年甚至大满贯——金球奖、世界足球先生、金靴奖，他成为曼联的顶梁柱，人人都看到了这个年轻人的实力正在疯狂地成长。

2009 年，C 罗又收到了皇马抛来的橄榄枝，于是弗格森放手让他离队，让他飞得更高，创造更好的足坛成绩。在西甲，C 罗是第一位做到连续五个赛季单赛季进球数都达到或超过 25 球的球员，连续一百多场比赛，只要 C 罗进球皇马从没输掉过比赛。

即便拥有如此辉煌的成绩，C罗一刻也没有松懈，在集训的酒店房间里，别人在休息，C罗在做仰卧起坐，他和教练两个人训练到凌晨。欧冠赛胜利的当晚，别人都在庆祝，C罗却回家继续完成自己的日常健身课。为什么33岁的C罗可以如此厉害？这就是答案！拥有卓越天赋还比常人更勤奋，他的自律可怕到吓人，所以大家喜用"瑞士手表"来形容他，生活相当严格高质量。

作为足球运动员，大部分球星都酷爱文身，这已经成为一种时尚。而集球技与颜值于一身的C罗却干干净净，没有文身！C罗说："我不认为文身丑陋，但至少现在还不能文身，因为我经常献血，我必须要对此负责。"C罗一直有做公益的习惯，目前他献血的总量已经救了全世界各地的几十个孩子，甚至还专门录制视频鼓励更多人加入进来。

2008年汶川地震，C罗虽远在欧洲也热心肠地发声了，在一件葡萄牙国家队球衣上签名交与葡萄牙四川地震援助会拍卖，所得款项捐给地震灾区，并呼吁大家一起捐出一份力。

C罗的自律精神、慈善之举是我们在赛场上看不到的，而又确实真正地存在，这种人性的光辉会激励更多的人坚持追寻梦想，坚持用爱心来回报社会。

⸢ 不一样的情怀　同样的魅力 ⸥

　　世界杯的赛事结束了，但世界杯留给我们的精彩和感动依然历历在目，让我们津津乐道。我在与球迷姐姐谈论克罗地亚对战法国的那场决赛时，她向我推荐了一篇网络文章——《屠杀、炸碎、灭门、逃难、流血，你无法想象克罗地亚球员们经历过什么》。

　　我是一个性情中人，激动伤心时眼泪是忍不住的。虽然那时正在大街上走，但那一个个令人伤感的画面出现时我的眼泪就不听使唤地涌了出来。我今天再次阅读时依然被这支队伍深深感动着，就特别想提笔写写我的零星感触。

俄罗斯世界杯颁奖仪式

莫得里奇　（克罗地亚队）
国际足联2018年俄罗斯世界杯最佳球员

　　这个画面对每一个只是纯粹热爱足球而不是只热爱足球明星的足球迷来说应该都很熟悉，但不一定理解莫得里奇在至高无上的荣誉领奖台上为什么是这样一个落寞甚至夹杂着忧伤的神情。

　　瞧！这个正在放羊的他惊恐地看着当时战地记者的摄像机，他太害怕了，以为这个是枪管。他7岁的时候，爷爷在战争中被杀害了，爸爸随即被抽壮丁强制征兵奔赴战场。为了远离战争，全家搬到了很远很偏僻的无人区（这里是狼的栖息地），他幼小的身体和生命随时受到威胁。他孤零零地走在山坡上，小小年纪的他只能靠放羊维持生活。

　　在那个年代，他没有变形金刚，没有益智玩具，除了放羊，足球是他唯一的寄托。大街上不能随便踢球，因为路上都是地雷，不知道什么时候自己就会触雷被炸死，他只能一点一点找寻着荒无人烟的草地踢球。

　　可你能想到吗？就是这个不知道什么时候就会毁于战火的放羊娃——33岁的克罗地亚队长莫德里奇，在俄罗斯世界杯上捧得金球奖。

　　而同年纪的队员颠沛流离的还有前锋曼朱基奇，中场大将拉基蒂奇。拉基蒂奇举家逃亡到瑞士，然后拥有了双重国籍：一个是克罗地亚，另一个是瑞士。后来他踢球成名了，瑞士国家队希望他为瑞士效力，克罗地亚国家队也在征召他。

他的父亲从小教给他很多有关克罗地亚的事情，此时对他说："你做的任何决定爸爸都会支持你。"最后他对父亲说："我选择为瑞士出战。"他的父亲点头说："好，爸爸支持你。"但是拉基蒂奇随即拿出一份已经签署的文件，上面清楚写着克罗地亚时，他的父亲哭了。他的父亲当年逃难都没哭，此时却哭了。

克罗地亚对拉基蒂奇父子而言，犹如自己的亲生母亲，也许不曾在母亲的怀抱中长大，但那份血脉相连的亲情却无法割舍，终生牵挂。

　　而同样饱受战火之苦的还有 1984 年出生的 34 岁守门员苏巴西奇，他的家乡本科瓦茨完全被毁，战争中马路上到处是坦克，他是在街上捡垃圾长大的孩子，陪同他一起捡垃圾长大的好兄弟库斯蒂奇在 2008 年的一场足球比赛中意外受伤离开了这个世界。苏巴西奇的衣服上从此有了另外一个球员的画像—— 库斯蒂奇。

　　"兄弟间一起打天下的承诺还没完成，而你就离我而去，不行，我会一直把你带在身边。"这就是苏巴西奇给好友的誓言。苏巴西奇甚至不顾国际足联的反对（比赛中不允许展示其他球员和私人的东西），把兄弟印在了衣服上，到哪里都带着兄弟，他们从此不分离！这份童年就建立起来的相守相携的友情感动你我，感动天地。

　　在那个战火纷飞的年代，男人都出去打仗了，家里的农活就落到了女人头上。一个年轻的女孩子开着拖拉机勇敢地承担起一切。她每天的工作就是开拖拉机、除草、挤羊奶。如今，她是克罗地亚头号女球迷，也是克罗地亚历史上首位女总统——科琳娜。她作为头号球迷，甚至要求全体内阁穿着球衣支持克罗地亚队。理由只有一个：克罗地亚国家太小，足球是最好的让世界认识自己、承认自己的机会。我们经历了太多的灾难，需要全世界的认可。因为她知道，球员们为了国家拼了全力，也创造了克罗地亚的历史，她对他们无比地感激。

在从小在战争中长大的克罗地亚球员的心中，足球早就不是一项运动，已经成为一种能够获取和平的手段。对没经历过战火的人来说似乎不知和平的珍贵，但是对于这批战火中长大的球员来说，没有任何东西比和平更加重要。

在足球上多一份成就，国际社会就会更认可，那么未来的和平也就更加稳固。莫德里奇获得金球奖时，从他那漠然的神情里看不到个人荣誉带给他的一丝惊喜。作为国家队队长，带领球队为国出征，他的心里只有团队荣誉，只有国家民族荣誉。

回顾克罗地亚的整个比赛历程，毫无疑问，他们为自己的国家赢得了这一切。克罗地亚队在为国家民族而踢足球，没有一丝杂质，纯净无比，体现出小伙子们的责任担当。这份纯粹的爱国情怀真正让我们感动，国民会为他们感到骄傲，我佩服他们的这份爱国情怀。

回顾法国队的晋级历程，可谓一路高歌猛进。他们没有坎坷，也没有因为伤痛或者疲惫带给观众的同情与感动。很多次进球还显得很轻松容易，传球配合得天衣无缝。因为这支队伍充满青春活力，这支队伍群星云集，星光闪耀。他们进球了想跳就跳，想要个酷就要个酷。决赛场上格列兹曼进球了就跳个兔子舞（我是这样理解的），姆巴佩进球了则跑到球场边耍个酷，从他们的脸上看到的是满足和开心。他们生活在一个经济发达、和平的国度里。在最近20年里无论是世界杯还是欧洲杯国家队前辈们都拿到过冠军。他们能捧回大力神杯国家为他们感到骄傲自豪，祖国人民没有把证明祖国的存在感压在他们身上，所以他们在场上可以尽情享受踢足球带给自己内心的喜悦，享受足球运动的速度、配合、激情。他们带给我们的是另一类纯粹的情怀——分享运动的激情，享受足球的魅力。法国队告诉我们，生活在和平的国度，责任不一定是第一位时还能全力以赴地去拼搏，那是真正地在感受生活的这份美好，感受生命的绽放。

我与"为学杯"

清代文学家彭端淑在《为学》中写道:"天下事有难易乎?为之,则难者亦易矣;不为,则易者亦难矣。人之为学有难易乎?学之,则难者亦易矣;不学,则易者亦难矣。"这是我在学生时代就学过的文章,也能把它翻译过来,也算得上是理解。当我在教学中发现还有一个作文赛事跟此文同名时,就心生好奇,希望能让我的学生参与到此赛事中,总觉得这应该是一个有品质的赛事,因为名字显得有学问。

2011年,我带着自己上三年级的女儿,陪着4位擅长写作的学生前往首都北京,第一次参加"'为学杯'全国总决赛及培训夏令营"。这次听了陈延军老师的课,我看到了语文老师可以如此诗意地生活工作,一花一草皆成诗;同时我感受到上语文课可以那般有趣,我为自己是语文老师而兴奋,总觉得自己能过上诗意有趣的生活。

这次培训营活动除了陈老师的作文教学讲座让我难忘,还有王珏老师的感恩讲座,让全场上千的学生、老师、家长感动得泪流满面的情境也深深地印在我的心中。这让我把为学精神和感恩之情联系到了一起,总觉得心怀感恩的人写出的文章不会差,做出的事情亦靠谱。

夏令营除了补脑养心的文化盛宴还有强体养眼的参观游览。故宫的金碧辉煌、长城的雄伟壮观、北大的闻名遐迩、鸟巢的奥运风彩……吸引着第一次游首都的学子们，他们每到一处都争先恐后地看介绍，合影留恋。

六天五晚的夏令营活动结束了，活动的收获被学子们带回了家乡重庆并在同学们中间广泛传播，第二年用一支笔写到北京去的作文爱好者更多了。我女儿也在第八届"为学杯"的决赛中获得一等奖，并被评为十佳之星。我连续两届参与"为学杯"的活动，每一次都带给我不一样的震撼和鼓舞，也算是对这一活动有了较全面的考察。看到负责人孔涛老师带领自己的团队不断完善每一个小细节，我对这个团队充满了信任和佩服。

在接下来的几年里我热心而又无私地把这一活动推广给我的同事、朋友，希望更多的学生能取得为学之精华——聆听中感受名师的魅力和格局，游历中饱览祖先的智慧和创举，交流中结识五湖四海的好友，行走中超越自我的一个个极限。让"为则通达，学无止境"的为学精神浸润每一个孩子的心田并在成长中践行之。

我与"为学杯"相识七年，"为学杯"领着我看见了作文教学的另一片星空，也让我看见了陪伴孩子们更好成长的另一片天地。今年，组委会评选我为"全国十大'为学'精神人物"，我在活动中聆听了郭雪萍、何捷老师的课，那风趣幽默、大开大合的课堂让我充满了向往之情，我对两位学识渊博、学无止境的老师无比敬佩。彭俐老师那一句句富有哲理的话让人听了如梦初醒。清华神厨张立勇老师那一句"管住自己，所向披靡；战胜自己，天下无敌"让孩子们牢记于心。课堂上活跃的小作家们语出惊人，我亦看到了"为学杯"的星空群星璀璨。

让琐碎有迹可寻

——开学班主任交流稿

各位兄弟姐妹们：

大家下午好！今天我们有缘在此相聚，是因为我们有一个共同的身份——班主任，我们也从此与琐碎和忙碌交上了朋友。今天我们就一起从四方面来探讨这个话题——"让琐碎有迹可寻"。

一、抓住契机，寻找资源

开学是我们最忙碌的时候，一个假期回来老班级要做好收心工作，一年级要建设好新班集体让它正常运转。开学更是一个认识、了解家长的契机，我们班主任一定不要错过这个机会。从家长跟你的交谈中了解他的修养、学识、特长、职业以及对待学校老师的态度，便于自己开展以后的工作。

去年我教一年级，第一次家长会发给每位家长一个小单子，让家长填写基本信息，这个表格我一直保存到现在，它让我快速分类了解家长背景，在开会的过程中观察每位家长的神情和态度，知道哪些好合作，哪些对老师不屑，哪些遵守会场纪律。借助自己的观察和这个信息表，整合、利用自己的班级资源建设班集体，同时也摆正自己的位置，切不可端着架子高高在上，也不能太谦逊让家长觉得我们缺乏带好班级的自信。现在 80 后的家长很多学识不比我们差，学历不比我们低，读的书不比我们少，读的学校比我们好的也大有人在。比如西南政法大学的家属院里多数家长都是研究生、博士生，讲道理比理论他们就略胜一筹，但对小学生的教育教学他们通情达理，会谦虚地配合。我们团结好这群理论高深的家长，使其影响班上那些缺少方法对教育还很迷茫的家长就比我们老师去培训更好。因为他们有着共同的身份，他们可以在实践中教会其他家长如何引导孩子成长，如何跟老师交流，怎样在班级群里说话，建设正能量的班级群。另外，我告知所有家长，凡是解决矛盾的都在 QQ 或微信里点对点进行沟通，不扩大矛盾，为自己的孩子保守秘密，但可以请老师协助磋商。

后来的 10 月份家长会，请家长代表交流《亲子阅读习惯的培养》，家委会的健全，11 月份运动会家委会积极主动置办班服，请家长代表来服务等，都源于这第一次的了解和交流中的彼此信任、欣赏。

在与家长的交流中，我们要特别注意这两点：

1. 在与情绪激动（特别是他家孩子受了委屈）的家长交流时，学会多接纳不否定，用点头微笑或中性的词"好！对！"应对。这样可以平复家长的情绪，始终让家长觉得他说得有道理（即便你听起来有些无理取闹），那样才可能继续深入交流下去，也才可能真正解决问题，因为我们让他充分倾诉，也接纳了他的倾诉。

2. 我们老师在遇到不好交流的家长时要学会慢下来，学会说半句留半句，那样才留有余地。当自己解决不了棘手问题时才能更好地让同伴或者领导自然地介入进来，把事态更好地控制在校园内，不至于一下子就弄到区里、市里，麻烦更多的人来解决小问题。

我们面对的资源除了家长还有学生，要在开学两周到三周内通过各种途径了解自己的学生。我去年是通过小干部竞选、才艺展示看家长的配合、认识孩子们的特长，为以后的班级管理搭建框架，为活动开展发现人才。

二、建立制度，寻找规律

这一点呢我不细讲，学校德育处已经很细致地为大家考虑好。

有各项常规训练的儿歌——一日常规、课间常规、课前静息、排队要求等，大家拿到训练要点用心做就很好，我们一年级的班主任注意不要太枯燥，能一边训练，一边增加一些乐趣会更完美。如果说还有什么遗漏，我觉得早上到校后做什么还需完善。我也结合自己班的实际编了一首儿歌，引导到校早的孩子乐于放凳子开窗户，在没有形成习惯之前用写表扬信《爱心小天使》的方式促进一段时间，小学生应该都在乎这封小信。（附儿歌）

今天心情真正好，背着书包到学校。

放好凳子摆书包，爱心天使谁来当？

谁来当，谁来当，我来当，我来当！

八点八点好时光，头正身直读书好！

三、认清身份，找准定位

今年7月份我去北京参加"第十四届'为学杯'全国创新作文大赛总决赛及游学营"，与何捷、郭雪萍、陈延军三位老师相遇。我对自己的职业生涯成长觉得有些遗憾和迷茫，就向这几位前辈请教。前辈们给了我一些点拨，我也有些许领悟。一同参与话题讨论的北京日报著名记者彭俐老师，他很无私地把自己曾经培训教师的提纲给了我。他对一位合格教师的身份有以下八个定位：

1. 知识的传授者； 2. 才能的发现者； 3. 职业的引导者；

4. 人生的激励者； 5. 思想的启蒙者； 6. 精神的浸润者；

7. 品德的培养者；　　8. 身心的再造者。

我觉得彭老师说得特别好，对于1、2、5、7点学校大会小会都会强调，我们读师范专业时老师也讲得比较透彻。而4、6、8点学校相对讲得少，而且考核起来也难以量化，甚至是不考核的项目，但对学生一生的成长却无比重要，我们班主任若能把握好这几个身份，这将是学生们一生的福分，也会让班级氛围更温馨，关系更和谐。这个班也不会出现什么大偏差。我之所以想讲这三个身份，是因为我还看到渝北区教委、进修学校在今年也特别重视：第一次开办教师心理健康暑期培训班，请家庭教育、法学专家严文强老师做了《教师精神成长，才能安放生命》的培训。这是我暑期参加培训第一次看到区级领导对教师的精神和心理那么重视。我很感谢学校让我参加了两期不同班级的培训，因为学习不吃亏，学习才能成长，还拿了两个优秀学员的奖状，感觉挺值得。

（一）首先，我分享自己对"身心再造者"的理解

严文强老师在培训期间为渝北区老师建了一个群，并发动大家共读一本书《睿智的父母之爱》，我加入了读书行列，书中有这么一句话——"孩子的心灵是教育的圣地，应该由智慧、善良来驾驭"特别打动我。在《养子成人家长觉醒宣言》有一句"养树养根，育人育心"的话语特能让我找到共鸣。真切希望我们在与学生一起成长的路上育好他们的心，让他们经得起人生路上的风吹雨打。如何育好学生的身心呢？

1. 真正了解自己手中这群学生，确实是特例就不强求

我们要相信每个学生都是独一无二的个体，不是每个孩子都是天生会学语文、数学的。如果我们没有读懂他的生命代码，也许他整个的学习历程都会无比艰辛甚至打不开那扇门。但我们可以给他指条路，让有能力教他的人去教他，让他感受到生活的美好。印度电影阿米尔汗执导并主演的《地球上的星星》就讲述了

一个天生有阅读障碍但又有绘画天赋的孩子，在一位美术老师的鼓励指导下如何从自卑、病态中看到希望，恢复自信，拥抱生活的。

2. 不在生气时处理学生，不在愤怒时教育学生

因为这个时候我们多半只是发泄自己的情绪，还伤了自己与学生的和气而解决不了实质问题。当然不排除修养很高的老师能在这种情境下还非常理性地处理问题。倘若这事确实很紧急又必须立即处理，怎么办？我个人建议多做几个深呼吸先平静自己，且在心中告诉自己："别人家孩子那么小，犯错误是可以理解的。"若还是平静不下来，觉得搭档能解决可让搭档先处理一下。这样不会对学生说过激的话，做过火的事，当然就不可能伤害其心灵了。保护好学生的健康身心是让学生勇攀人生高峰的不竭动力。

3. 不用大人的世界去判断小孩的做法、想法

我曾经见到一年级的一位班主任老师看到小男孩在书上写"我喜欢谁，我以后要跟她结婚"就狠狠地批评孩子。其实老师完全没理解小男孩的美好心灵，他仅仅只是在欣赏那个外表漂亮、学习可能让他佩服的女孩，难道我们老师要剥夺孩子的这项特权吗？我想我们谁都不会做这样的老师。《发展心理学》上说儿童无爱情，我们老师千万别把学生的行为想错了。

假期心理健康培训老师王雪红教授推荐的书——北师大教授林崇德的《发展心理学》，这里面有我们没有认识的自己和孩子。作为老师，特别是10年以下教龄的年轻老师多读几遍可以少走弯路。学着用耐心去寻找奇特行为背后的孩子世界。我们学校的心理活动室已装修好，只要设备进场我也会尽力配合大家了解帮助那些孩子，也缓解我们自己的压力。

（二）人生的激励者和精神的浸润者

我寒假时给大家推荐过张德芬的一本书——《遇见心想事成

的自己》，怎样才能心想事成呢？书中的观点是要有一个明确清晰的目标。与这本书不谋而合的是我听时间管理的课程时也提到了同样的做法——目标明确。有了目标有了梦想，人才会有前进的动力。班主任是一个班的引路人、领航者，如果我们能告诉学生我们这一周、这一个月、这一学期、这一年或者这六年大家一起的奋斗目标，在前进路上师生间、生生间相互鼓励，我相信孩子们会跟着乐呵呵地前进。当然这个目标里除了把成绩考好，还可包括陪着学生每学期读几本适合他们这个年龄的书籍，也可一起背一些古典作品，如《弟子规》《百家姓》《论语》《大学》等，让我们自己和孩子们的心都被滋养着，这也少去了我们老师很多的说教。在读书背书的过程中让自己教育自己。吉姆·崔利斯在《朗读手册》的封面上有一段特别暖心窝的话：

你或许拥有无限的财富，一箱箱的珠宝与一柜柜的黄金。

但你永远不会比我富有——我有一位读书给我听的妈妈。

第九章《父亲必读》里有这么一句话：

爸爸们——当你们为孩子朗读时，同样也获得了第二次机会去阅读和欣赏自己童年时代错过的书。

我想把这句话改下送给自己也送给大家：

老师们——当我们跟学生一起阅读时，同样也获得了第二次机会去阅读和欣赏自己童年时代错过的书。

我们六七十年代出生的老师在童年、少年时代物资贫乏，课外书当然也稀少，但很幸运的是我们成为老师，我们还有机会陪着自己的学生一起去读那些错过的书。让书浸润我们自己的精神，也浸润孩子们的精神。

四、以身垂范，记录琐碎

我拉拉杂杂跟大家交流了班主任的日常事务，重点放在与家长、学生的日常沟通上，因为我认为这是开展好各项工作的前提和保障。我们老师希望培养出来的学生说话文雅、做事得体，写作文时能引经据典，做数学时思维敏捷。我认为老师自己从容淡定、以身垂范则是最好的教育，所以我们首先要管理好自己的情绪，得体地处理日常事务。在做好各项工作之前或之后我们得做好记录，写好自己的反思，这也可叫作教学日记，积累多了就是自己的一笔财富。五年、十年后或许就是我们自己的杰作。在这些琐碎的日子里能留下些许痕迹，回忆起来也能串成一条线。

我能向大家交流的经验和教训十分有限，希望大家在工作中多读书，读大师的书就是与大师对话，向大师取经。语文主编温儒敏教授说：统编教材专门用来治老师、学生读书少的，我想它也可顺便治疗班主任读书少的病吧！我们在座的还有很多高手，也是我学习的好榜样，希望同年级之间、相邻年级之间多走动、多交流，相互学习，相互帮助，携手前行。育好学生身心，遇见心想事成的自己。